Wolfhard Töns

Mein Wellensittich

Verhalten, Ernährung, Pflege

Begleitbuch zur ZDF-Serie »Mit Tieren leben«

ETB
ECON Taschenbuch Verlag

CIP-Kurztitelaufnahme der Deutschen Bibliothek

Töns, Wolfhard:
Mein Wellensittich: Verhalten, Ernährung, Pflege
[Begleitbuch zur ZDF-Serie »Mit Tieren leben«] / Wolfhard Töns
Orig.-Ausg. – Düsseldorf: ECON Taschenbuch Verlag, 1986.
(ETB 20175; ECON Ratgeber: Natur)
ISBN 3-612-20175-1

Originalausgabe

Umschlagentwurf: Ludwig Kaiser
Titelfoto: Tierfoto Reinhard
Zeichnungen: Wally Löw, Walter Mühl, Bernd Meyer

Satz: Computersatz Bonn GmbH, Bonn
Druck und Bindearbeiten: Ebner Ulm
Printed in Germany
ISBN 3-612-20175-1

Inhalt

Vorwort

Stellen Sie sich vor, sie hielten einen Spatz als zahmen Hausgenossen. Der Gedanke scheint abwegig, doch in etwa fünf Millionen Haushalten fristet ein Spatz sein mehr oder weniger glückliches Vogeldasein.
Es ist natürlich nicht der graue Hausspatz, der so vielen Menschen ans Herz gewachsen ist, sondern der *Melopsittacus undulatus,* sein australischer Bruder. Nicht die Zugehörigkeit zur selben Familie legt den Vergleich nahe – unser Wellensittich gehört zur Familie der Papageien –, sondern sein Verbreitungsgrad. Ähnlich wie hierzulande ganze Spatzenkolonien von Dächern und Bäumen pfeifen, bevölkern auf dem fünften Kontinent, Australien, wahre Wellensittichschwärme die Landschaft. Ihr Zuhause sind die Eukalyptusbäume der australischen Wildnis – aber auch nahe der Städte Australiens tauchen sie in Millionenstärke auf.
Seit über 100 Jahren sind Wellensittiche auch in den Wohnstuben Westeuropas zu Hause. Daß dieser kleine Geselle eine solche Verbreitung erlangen konnte, ist den geringen Ansprüchen, die er an seinen Halter stellt, seinem ausgeprägten Sozialsinn, der ihn zum treuen Gefährten macht – aber auch der Dankbarkeit, mit der er die Mühen seines Pflegers und Freundes lohnt, zu verdanken.

Diese Mühe sollte vorrangig darin bestehen, dem gefiederten Mitbewohner einen Lebensraum zu schaffen, der seinen auf den australischen Kontinent zugeschnittenen, angeborenen Bedürfnissen und Verhaltensweisen entspricht. Das klingt schwieriger, als es in der Praxis letztlich aussieht.
Doch Haltung und Pflege unseres Freundes sind um so einfacher und wirksamer, je mehr wir wissen, wie er sich im freien, natürlichen Lebensraum bewegt. Darum wollen wir im folgenden immer wieder einen kleinen Abstecher in sein Herkunftsland unternehmen.
Nur so können wir unseren munteren Freund verstehen. Und Verständnis ist noch immer die beste Voraussetzung für eine lang währende Freundschaft.

Die zoologische Einordnung des Wellensittichs

Was im folgenden ein wenig theoretisch klingen mag, hat jedoch einen praktischen Nutzen: Je mehr wir über unseren Hausgenossen wissen, um so besser können wir sein Verhalten einordnen und auf seine Bedürfnisse eingehen. Jede Vogelfamilie oder -art hat ihre ganz bestimmten Eigenschaften, die sie von den anderen abhebt. Diese Eigenschaften sind zumeist schon im Namen verankert.

Der Wellensittich gehört zur Familie der Papageien, der *Psittacidae*. Dieser Name stammt aus dem Griechischen und bedeutet *Handfüßler*. Vögel dieser Familie wissen mit ihren gut entwickelten Füßen einiges anzustellen. Das gilt im besonderen Maße für Papageien, die ihre Füße geschickt als Greiforgan benutzen. Aber auch Wellensittiche können behende klettern und müssen auch in der Gefangenschaft dazu ausreichend Gelegenheit haben. Das Zuhause unseres Vogels muß dementsprechend eingerichtet sein: Geeignete Gitterstäbe, Stangen und Äste im Bauer bieten viele Betätigungsmöglichkeiten.

Der Gattungsname *Melopsittacus* bedeutet *Singpapagei* und weist auf eine weitere herausragende Eigenschaft hin. Wellensittiche haben ein recht gut entwickeltes Stimmorgan, durch das sie singen, aber auch sprechen können. Doch dieses »Sprechen« hat mit Denken in unserem Sinne nichts zu tun, es ist »begriffslos«. Wie Papageien können Wellensittiche sich zwar einzelne Wörter, Sätze, Geräusche oder Melodien merken und sie mit Situationen, in denen sie sie immer wieder gehört haben, in Verbindung bringen. Doch den Sinn ihres Gezwitschers begreifen sie nicht – auch wenn uns der Kommentar des kleinen Mitbewohners in manchen Situationen oft sehr treffend erscheint.

Melopsittacus undulatus ist die vollständige zoologische Bezeichnung für die Gattung, deren einziger Vertreter der Wellensittich ist. Der Artname *undulatus* bezieht sich auf die wellenförmige Zeichnung im Kopfgefieder.

Es gibt noch einige weitere Merkmale und Eigenschaften, die charakteristisch für die Familie der Papageien und damit für die Bedürfnisse unserer gefiederten Mitbewohner sind. Eine dieser Eigenschaften sollten wir in jedem Fall beachten, nämlich das sehr gesellige Verhalten der Wellensittiche. In ihrem Herkunftsland, dem australischen Kontinent, trifft man sie nur scharenweise an. Zu Tausenden nisten sie gemeinsam, fliegen auf Nahrungssuche und flüchten vor ihren natürlichen Feinden. Männchen und Weibchen bleiben in dieser großen Gemeinschaft oft ein ganzes Vogelleben zusammen.

Auch in der heimischen Wohnstube braucht ein Wellensittich Gesellschaft. Wer die Möglichkeiten dazu hat, sollte seinem kleinen Freund einen Gefährten oder eine Gefährtin gönnen. Aber genausogern akzeptieren Wellensittiche einen menschlichen Partner, der ihnen dann aber auch entsprechend viel Zeit und Aufmerksamkeit entgegenbringen muß.

Kleiner Ausflug in die Geschichte

Die Urahnen unserer Stubenvögel kamen 1840 nach Europa. Der englische Naturforscher *Sir John Gould* brachte ein Pärchen aus Australien mit, nachdem er die Schwärme dort genau beobachtet hatte. Er fand sie hübsch anzusehen, aber auch ziemlich langweilig. Das Bild, das sich ihm damals in Australien bot, hat sich bis heute nicht verändert; riesige Wellensittichschwärme, die tagsüber regungslos in den Bäumen sitzen, solange es in der prallen Sonne zu heiß ist.

Die Engländer waren über das Mitbringsel Goulds begeistert. Wer etwas auf sich hielt, hatte mindestens einen dieser exotischen Vögel. Der Wellensittich wurde binnen kurzer Zeit zum Statussymbol, sein Import bald zum blühenden Geschäft. In Großbritannien, Belgien und den Niederlanden wurden die ohne Rücksicht auf Verluste gefangenen und transportierten Vögel umgeschlagen und verkauft.

Bis zu 2 000 Mark mußte man damals für ein Exemplar auf den Tisch legen, obwohl man kaum damit rechnen konnte, lange Freude an seiner Erwerbung zu haben. Bis zu diesem Zeitpunkt hatte noch niemand erforscht, welche Bedingungen und welche Nahrung Wellensittiche zum Überleben brauchen. Aus diesem Grund starben auch die meisten elend in ihrer Gefangenschaft.

Als 1894 die australische Regierung dem Treiben nicht mehr länger zusehen mochte und kurzerhand eine Ausfuhrsperre erließ, hatte die zweite Karriere des Wellensittichs als Zuchtvogel in Europa schon begonnen. Im Zoologischen Garten von Antwerpen hatte die *Gräfin Schwerin* zwei australische Wildlinge erfolgreich gepaart, die für den ersten Nachwuchs auf europäischem Boden sorgten. Bald stellte sich heraus, daß die Anpassungsfähigkeit und die robuste Natur der Wellensittiche ideale Grundlagen für eine erfolgreiche Zucht waren.

Schon Sir John Goulds Gattin Jean hatte bei ihren Beobachtungen in Australien festgestellt, daß in den grünen Schwärmen gelegentlich andersfarbige Vögel auftauchten. Diese Neigung der Wellensittiche zu – wenn auch seltenen – farblichen Abweichungen machten sich die europäischen Züchter bald zunutze. Ab 1872 brachte die Zucht nach und nach gelbe, blaue, dunkelgrüne, weiße und andersfarbige Exemplare hervor; heute gibt es Wellensittiche in allen nur erdenklichen Farbkombinationen, bis auf die Farben Rot und Schwarz. Insgesamt sind es über 300.

Die Anatomie des Wellensittichs

Seitdem in Europa nicht mehr importierte Vögel verkauft werden, sondern die nachgekommenen Generationen heimischer Züchtung, hat sich auch das äußere Erscheinungsbild des Wellensittichs leicht verändert. Unser Stubenvogel ist größer als sein wilder australischer Bruder: Von der Schwanzspitze bis zum Schnabel mißt er bis zu 20 cm. Die Anzeige seines Gewichts auf der Briefwaage schwankt zwischen 35 und 40 Gramm. Für Schauen gezüchtete Vögel, die sogenannten »Standards«, werden noch größer und schwerer.

Außer den zahlreichen Abweichungen von der Grundfarbe Grün haben sich alle anderen Erscheinungsmerkmale durch die Zucht nicht verändert. Der kräftige Schnabel ist in bester Papageienart entwickelt, der helle, rundgebogene Oberschnabel greift über das breite, kurze untere Gegenstück. Seine Farbe variiert zwischen gelblichbeige und graubeige. Darüber liegt die Wachshaut, in der die Nasenlöcher liegen.

Diese *Wachshaut* ist das Unterscheidungsmerkmal, um das Geschlecht des Vogels zu bestimmen. Die des Männchens leuchtet kräftig blau und wird erst im Alter braun und rissig, das Weibchen hat eine beige oder bräunliche. Während der Brunftzeit glättet sie sich beim Weibchen und nimmt eine hellere Tönung an.

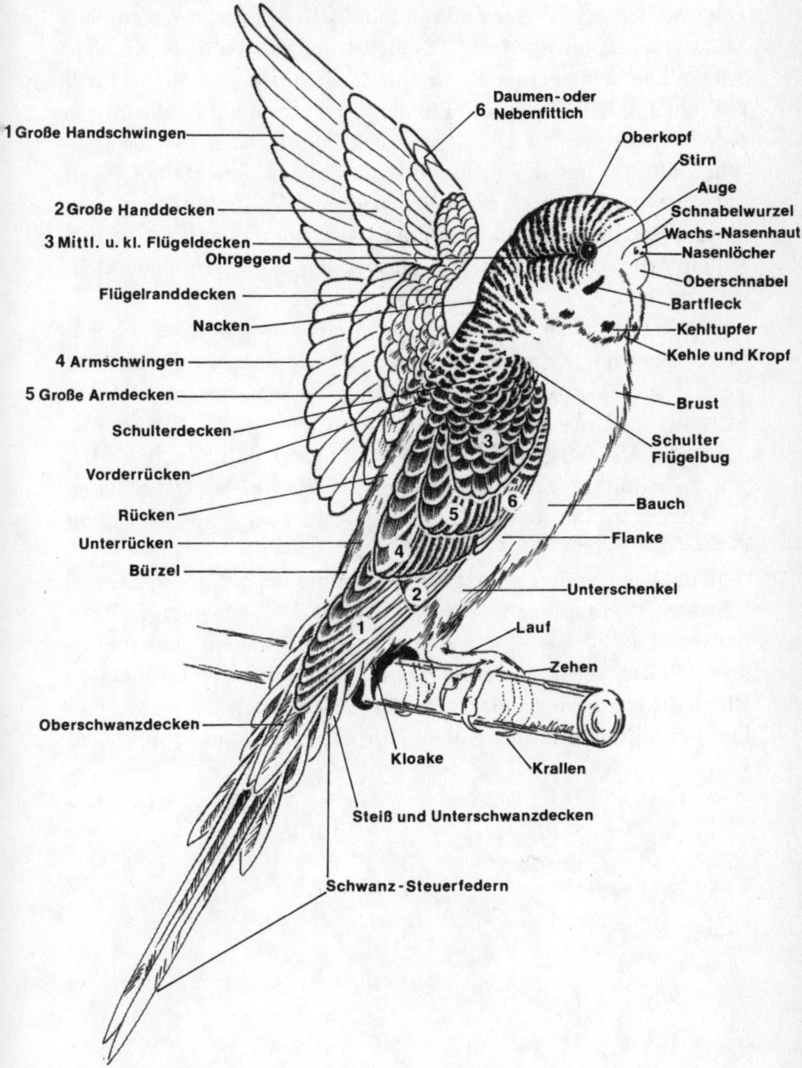
1 Große Handschwingen
2 Große Handdecken
3 Mittl. u. kl. Flügeldecken
Ohrgegend
Flügelranddecken
Nacken
4 Armschwingen
5 Große Armdecken
Schulterdecken
Vorderrücken
Rücken
Unterrücken
Bürzel
Oberschwanzdecken
6 Daumen- oder Nebenfittich
Oberkopf
Stirn
Auge
Schnabelwurzel
Wachs-Nasenhaut
Nasenlöcher
Oberschnabel
Bartfleck
Kehltupfer
Kehle und Kropf
Brust
Schulter Flügelbug
Bauch
Flanke
Unterschenkel
Lauf
Zehen
Krallen
Kloake
Steiß und Unterschwanzdecken
Schwanz-Steuerfedern
1
2
3
4
5
6

Wie ein runder Wulst liegt die violette Zunge im Schnabel.
Die Pupillen der Augen sind rund und schwarz wie etwas größere Stecknadelköpfe, ein feiner weißer Irisstreifen umgibt sie. Die Augenlider schließen von unten nach oben und sind so zart, daß bei schlafenden Vögeln die Pupille durch sie hindurchscheint.
Der Wellensittich ist ein Klettervogel und weist daher die typische Fußform mit je 2 nach vorne und hinten gerichteten Zehen auf. Die beiden inneren reichen nach vorne, die äußeren nach hinten. Die bläulichgraue Haut der Läufe und Füße ist von feinen Rillen durchzogen, die Beine selbst liegen unter dem Federkleid verborgen.
Bei Wellensittichen, die ihre natürliche Färbung behalten haben, findet sich die grasgrüne Farbe auf Brust, Bauch, dem unteren Teil des Rückens und den inneren Federn des gefächerten Schwanzes. Dort tragen sie allerdings eine gelbe Querbinde. Auch die *Maske* (die Partie ober- und unterhalb des Schnabels), sowie der mit der charakteristischen schwarzen Wellenzeichnung versehene Nacken und die oberen Flügeldecken sind leuchtend gelb.
Am unteren Ende der Maske befinden sich auf jeder Seite 3 schwarze Kehltupfen. Darüber liegen die bläulichvioletten Bartflecken. Diese Farbe findet sich noch einmal an den beiden mittleren Federn des Schwanzes. Bei Vögeln mit der Grundfarbe Blau tritt das Blau an die Stelle der sonst grünen Körperpartien. Die beim grünen Sittich gelben Körperpartien sind beim blauen weiß.

Worauf beim Kauf zu achten ist

Bevor Sie eine Zoohandlung aufsuchen, sollten Sie erst einmal Ihren Wochenplan beziehungsweise den Ihrer Kinder durchgehen. Wenn Sie von Anfang an sehen, daß Sie nur sehr wenig Zeit für Ihren zukünftigen Mitbewohner haben werden, dann sollten Sie sich die Anschaffung noch einmal gründlich überlegen. So hübsch ein Wellensittich auch anzusehen sein mag, ein Dekorationsstück für die gute Stube ist er nicht. Ohne den Kontakt zu Artgenossen oder Menschen wird er ein klägliches Dasein in seinem Käfig fristen, und auch Sie werden keine Freude an dem armen kleinen Kerl finden.

Es besteht natürlich auch die Möglichkeit, von vornherein zwei Vögel zu erwerben. Miteinander werden die beiden sich bestimmt nicht langweilen. Dann benötigen Sie allerdings einen größeren Bauer, und die tägliche Zeit für Fütterung und Reinigung muß genauso aufgebracht werden. Sie werden sehen, es ist nicht viel – aber unerläßlich. Überlegen Sie sich auch, ob ein geeigneter Stellplatz für den Bauer vorhanden ist. Küchendünste, Rauch, Lärm und Zugluft sind auch für einen Vogel nicht besonders angenehm und beeinträchtigen unter Umständen die Gesundheit Ihres Pfleglings.

Kein Kauf »frei Haus«

Im Grunde genommen gibt es nur zwei empfehlenswerte Möglichkeiten, einen Wellensittich zu erwerben: in einer Zoohandlung oder bei einem Züchter. In beiden Fällen haben Sie die Auswahl zwischen zahlreichen Exemplaren und werden außerdem fachkundig beraten. Dies entfällt jedoch, wenn Sie aus dem Katalog bestellen und Ihren Wellensittich »frei Haus« liefern lassen.

Auch wenn eine Privatperson einen Sittich im Kleinanzeigenteil der Zeitung zum Verkauf anbietet, sollten Sie nicht bedenkenlos zugreifen: Handelt es sich nicht um einen Jungvogel, so ist die Wahrscheinlichkeit, daß er sich an Sie gewöhnt und richtig zutraulich wird, sehr gering. Außerdem läßt sich schlecht überprüfen, welche »Macken« der Vogel hat und weshalb ihn der bisherige Besitzer vielleicht loswerden will.

Beim Kauf des Vogels ist es angebracht, sich ein wenig Zeit zu nehmen. Wenn sich Ihre Kinder den Wellensittich wünschen, nehmen Sie sie mit. Die Bindung an das Tier wird später größer sein, wenn die Kinder es selbst ausgesucht haben. Dies ist wiederum die Voraussetzung dafür, daß die Kinder sich auch für Pflege, Fütterung und Zuwendung *verantwortlich* fühlen.

Sowohl von Züchtern als auch im zoologischen Fachhandel werden Ihnen fast ausschließlich Jungvögel angeboten. Sie sollten sich in jedem Fall für ein junges Tier entscheiden. Wenn Sie vor der Voliere stehen, beobachten Sie erst einmal das muntere Treiben der kleinen Geschöpfe. Bald werden Sie feststellen, daß manche lebhafter sind, während andere still auf ihrer Stange sitzen. Bei den lebhaften Vögeln können Sie sicher sein, daß sie gesund sind, nur kranke Vögel sitzen über lange Zeit apathisch und bewegungslos herum. Um sicher zu sein, beobachten Sie sie länger – vielleicht schlafen die ruhigeren Vertreter ja nur. So gewöhnen sich die Vögel auch an Ihre Anwesenheit und glauben sich bald unbeobachtet.

Die Tiere, die dann aufgeplustert wie Federbällchen auf der Stange sitzen, können Sie aus der engeren Wahl herausnehmen: Bei gesunden liegt das Gefieder immer glatt am Körper an. Kranke Tiere zeigen dieses Verhalten nur dann, wenn Menschennähe sie verunsichert.

Der gesunde Wellensittich

Haben Sie sich erst einmal »Ihren Wellensittich« ausgesucht, bitten Sie den Zoohändler oder Züchter, ihn herauszunehmen. Das wird er sicher gerne tun, und Sie haben nun die Möglichkeit, die Gesundheit des Vogels näher zu prüfen.
Achten Sie darauf, daß das Gefieder glatt und glänzend ist. Die schwarzen Knopfaugen müssen glänzen, die Füße sauber und gerade sein. Die Krallen dürfen nicht zu lang sein und die Hornschuppen an den Füßen nicht abstehen.
Wenn es sich um ein 5–6 Wochen altes Nestjunges handelt, wird die leicht wellenförmige Zeichnung über den ganzen Kopf bis hinunter zur Nasenhaut reichen, die schwarzen Kehltupfen sind erst ganz schwach oder sehr klein entwickelt, und der Schnabel ist dunkler als bei ausgewachsenen Tieren.
Sichere Anzeichen für Krankheit sind ein eingefallenes Brustbein oder Durchfall. Ersteres können Sie durch Fühlen überprüfen, letzteres, indem Sie das Gefieder um die Kloake herum vorsichtig auseinanderblasen: Es dürfen keine Kotreste an den Afterfedern kleben.
Wenn Sie sich schon vor dem Kauf auf das Geschlecht Ihrer Neuerwerbung festgelegt haben, müssen Sie dem Verkäufer vertrauen. Bei den Nestjungen läßt sich das Geschlecht an der Farbe der Wachshaut nur schlecht feststellen, da sie bei Männchen und Weibchen hellrosa oder beige ist. Lediglich ganz feine weiße Ringe um die Nasenlöcher in der Wachshaut können verraten, daß Sie ein Weibchen vor sich haben. Aber auch dies ist kein hundertprozentig sicheres Merkmal. Fragen Sie den Verkäufer, ob er den Vogel zurücknimmt, falls dieser ein anderes Geschlecht hat, als Ihnen zugesichert wurde.
Für den Spaß, den Sie mit und an Ihrem kleinen Kerl haben werden, ist die Frage des Geschlechts aber eigentlich nicht von Be-

lang. Zwar wird häufig behauptet, daß die Männchen ein größeres Talent zum Sprechen hätten, bewiesen ist dies jedoch nicht. Sicher ist nur, daß die Weibchen einen Hang zum Knabbern haben, aber einen großen Schaden kann so ein kleiner Schnabel kaum verursachen.

Die »Visitenkarte« des Verkäufers

Ganz gleich, wo Sie Ihren Wellensittich kaufen, ob bei einem Züchter, einem Händler oder einer Privatperson: Daß Sie an der richtigen Adresse sind, können Sie ganz einfach feststellen, indem Sie sich anschauen, wie dort die Vögel gehalten werden. Müssen sich viele Vögel einen kleinen Käfig teilen, gibt es kein frisches Futter oder Grünzeug, ist die Unterkunft weder sauber noch hell und luftig, dann haben Sie wahrscheinlich einen Geschäftemacher und keinen Tierfreund vor sich. Als Laie werden Sie dort wahrscheinlich schlecht beraten – und mit kulantem Verhalten können Sie nach dem Kauf auch nicht sicher rechnen.
Wenn Ihnen der Vogel ausgehändigt wird, muß er an einem Fuß einen Ring tragen, auf dem die Nummer des Vogels und das Kürzel DSV (Deutscher Standard-Wellensittichzüchter-Verein) oder DWV (Deutscher Wellensittichzüchter-Verein) eingestanzt ist. Das Gesetz schreibt das Beringen eines jeden gezüchteten Vogels vor. Der Ring bürgt auch dafür, daß die Zucht, aus der Ihr Wellensittich kommt, angemeldet und damit von der Behörde zugelassen ist. Amtlich registrierte Züchter sind einer gesetzlichen Kontrolle (Sauberkeit, Hygiene, räumliche Bedingungen) unterworfen, um die Verbreitung der Papageienkrankheit, die auch auf Menschen übertragbar ist, zu vermeiden. Vom Kauf eines nicht beringten Vogels von einer Privatperson sollten Sie nach Möglichkeit absehen.
Haben Sie schon einen Wellensittich zu Hause und möchten ihm einen Partner besorgen, so spielt das Geschlecht des hinzukommenden keine Rolle – es sei denn, Sie haben gefiederten Nachwuchs eingeplant. Zwei Männchen oder zwei Weibchen werden,

vor allem wenn es sich um Jungvögel handelt, bestimmt gut miteinander auskommen. Manchmal gehen gleichgeschlechtliche Vögel sogar eine Scheinehe ein. Der schwächere von beiden übernimmt dann die Rolle des Weibchens, der stärkere die des Männchens – Sie können auch so die lebhaften und nett anzuschauenden Balzspiele beobachten.
Lediglich dann, wenn ein Vogel schon älter ist, kann es in der Anfangszeit zu kleinen Reibereien kommen, bis die Rangordnung geklärt ist. In dieser Zeit sollten Sie die beiden nicht ohne Aufsicht allein lassen.
Die Auflistung all der Einzelheiten, die beim Kauf zu beachten sind, mag lang scheinen, aber die Sorgfalt zahlt sich später aus. Immerhin ist sie der Grundstein für eine Freundschaft, die gut ein Dutzend Jahre dauern kann.

So schaffen Sie Ihrem Wellensittich ein Zuhause

Die Reise in dem engen, dunklen Transportkarton bis nach Hause, ist für Ihren neuen Freund alles andere als angenehm. Darum sollten Sie die Zeit, die er in diesem Provisorium zubringt, so kurz wie möglich halten. Die Unterkunft für den Wellensittich sollte daher schon fertig eingerichtet sein, bevor Sie den Vogel kaufen. Auch den endgültigen Standort für den Käfig sollten Sie vorher festlegen. Da es für den Vogel ohnehin schwer genug ist, sich in seine neue Umgebung einzufinden, muß man ihm dies nicht noch durch mehrere Standortwechsel erschweren.
Den Käfig und dessen nähere Umgebung wird Ihr Wellensittich gleich als sein »Revier« betrachten. Hier sollte er sich wohl fühlen können und auch das Gefühl der Sicherheit haben. Um dies zu gewährleisten, muß der gewählte Platz ein wenig abseits vom Geschehen in Ihrer Wohnung sein, beständige Unruhe würde das Nervenkostüm Ihres Wellensittichs bald angreifen.
Auch die Stellhöhe des Käfigs ist wichtig. Eine der angeborenen Verhaltensweisen, die Ihr Hausvogel von seinen wilden Stammeseltern geerbt hat, ist die Angst vor allem, was von oben kommt. Von dort nähern sich ihm in der Wildnis seine natürlichen Feinde, vor allem Raubvögel und Baumschlangen. Darum liegt der bevorzugte Aufenthaltsort der Wellensittiche auch in den luftigen Gipfeln der Eukalyptusbäume, in denen sie sich tagsüber aufhal-

ten. Ein Standort für den Bauer, etwa in Augenhöhe, kommt diesen Bedingungen am nächsten: Das Geschehen in der Wohnung spielt sich so vor den Augen Ihres Mitbewohners ab, er hat alles im Blickfeld und muß sich nicht fürchten.

Der beste Platz für den Käfig

Wichtig ist auch, daß der Standort so liegt, daß der Käfig nicht arg erschüttert wird. Er sollte möglichst stabil stehen. Dazu eignet sich ein an der Wand angebrachtes Board oder ein Platz auf einem Möbelstück in entsprechender Höhe. Praktisch ist auch ein Ständer, in dem der Käfig freischwebend hängt. Doch wenn Sie sich für diese Lösung entscheiden, sollten Sie unbedingt darauf achten, daß die Aufhängung des Käfigs sowie die Klammern, die die Sandschale halten, absolut sicher sind. Ist dies nicht gewährleistet, kann es sein, daß der Käfig oder die Schale zu Boden fallen. Das bringt Ihnen einen aufwendigen und unangenehmen Reinigungseinsatz und dem Wellensittich ein nachhaltiges Schreckerlebnis, das gewonnenes Vertrauen und Wohlbefinden erst einmal wieder zunichte macht.
Entscheiden Sie sich für einen Platz in Fensternähe, dann bedenken Sie, daß etwa zur Mittagszeit der Käfig über Stunden der prallen Sonne ausgesetzt sein kann. Das führt im Extremfall zum Hitzschlag, beeinträchtigt aber in jedem Fall das Wohlbefinden des Vogels. Zumindest sollte er in seinem Käfig immer ein schattiges Eckchen vorfinden, in das er sich zurückziehen kann. Optimal ist ein heller Platz im Schatten.
Wählen Sie einen Standort in der Küche, richten Sie ihn so ein, daß er nicht in Reichweite heißer und stickiger Küchendünste liegt. Die sind nämlich genauso gefährlich für die Gesundheit Ihres gefiederten Freundes, wie zu starkes Rauchen.
So wichtig frische Luft für den Vogel auch ist, Zugluft schadet ihm. Der Käfig darf auch für die kurze Zeit des Lüftens nicht im Zugstrom stehen. Erkältung oder im schlimmsten Fall eine Lungenentzündung wäre die Folge.

Der Vogelbauer selbst kann im Grunde genommen gar nicht groß genug sein. Als Faustregel gilt, daß er seinem Bewohner ausreichend Platz bieten muß, um von einem Ende zum anderen zu fliegen. Das entspricht etwa 75 cm. Wenn Sie genug Platz haben, einen Käfig mit 1 m Länge zu stellen, bietet sich Ihnen die Möglichkeit, Ihrem Wellensittich später einmal einen Gefährten zu besorgen. Die Tiefe des Bauers sollte zwischen 40 und 50 cm betragen, die Höhe etwa 60–80 cm.
Wenn Sie sich aus Platzgründen für einen kleineren Bauer entscheiden müssen, denken Sie daran, daß das absolute Mindestmaß noch immer ausreichend Raum zum Lüften der Schwingen bieten muß – und die sind gar nicht so klein. Die Flugmöglichkeiten, die der Käfig nicht bietet, lassen sich durch zusätzliche Freiflugzeiten im Zimmer ausgleichen: 1 Stunde pro Tag ist da das Mindestmaß.

Wichtige Klettermöglichkeiten

Ebenso wie Ihr Wellensittich ausreichend Möglichkeiten haben muß, seine Flügel im Training zu halten, braucht er auch ausreichend Klettermöglichkeiten. Mit Vorliebe wird er am Käfiggitter herumturnen. Ein rechteckiger Bauer, dessen Gitterstäbe an mindestens zwei Seiten quer verlaufen, bietet dazu Gelegenheit. Am besten ist natürlich, wenn die Stäbe rundum horizontal verlaufen. Soll der Käfig an der Wand stehen, darf auch die Rückwand ruhig fest sein. Hartholz ist für diese Wand das günstigste Material, doch sind solche Bauer »aus der Mode« und nur ganz selten im Handel erhältlich. Dafür gibt es dort aber »topmodische« runde und bunte Bauer. Der eine oder andere Vogelhalter wird sie für seine Wohnung als besonders schön empfinden, den Bedürfnissen des Vogels, der ja immerhin darin leben muß, kommen sie bestimmt nicht entgegen.
In runden Käfigen können Vögel nicht so gut klettern wie in rechteckigen, außerdem besteht die Gefahr der Drehkrankheit. Die Gitterstäbe farbiger Käfige weisen zumeist einen Kunststoff-

überzug auf, der sicherlich bald dem kräftigen Schnabel zum Opfer fallen wird, ebenso wie eine Lack- oder Emailleschicht. Wenn solche Partikel ins Futter oder auf den Boden fallen, kann der Wellensittich sie mit den Körnern zusammen aufpicken und sich leicht vergiften.
Die beste Lösung sind Bauer, deren Metallstäbe in dezenten, dunklen Farben, wie Schwarz, Grau oder Grün, eingeätzt sind. Spielereien, wie spitz zulaufende Dächer oder Käfige aus Glas, fallen in die Rubrik »unnützer Tand« und sollten am besten gar nicht angeboten werden.

Ein guter Käfig erleichtert die Pflege

Auch Vorrichtungen, die es dem Halter angeblich einfach machen sollen, erweisen sich oft nur auf den ersten Blick als praktisch. Dazu zählen zum Beispiel Bodenroste, durch die Futterreste und Exkremente durchfallen sollen. Selbst wenn dies zutrifft, so trägt ein solcher Rost zwei Grundbedürfnissen des Vogels keine Rechnung: Auf einem solchen Käfigboden kann er zum einen nicht herumlaufen und zum anderen seiner Lieblingsbeschäftigung nicht nachgehen, nämlich das Futter aus dem Sand herauszupicken.
Wirklich praktisch hingegen sind Sandschalen, die eine Reinigung des Bauers ermöglichen, während der Vogel sich darin aufhält. Eine solche Schale sollte mindestens 10 cm hoch sein, damit der Sand nicht an allen Seiten herausfällt.
Eine andere Möglichkeit ist ein vollständig abnehmbarer, durch Klammern gehaltener Boden. Diese Form erlaubt eine gründliche Reinigung und vereinfacht das Auswechseln des Sandes. Der Vogel kann dabei im Bauer bleiben, obwohl er sich zunächst bestimmt erschrecken wird, wenn ihm auf einmal der Boden unter den Füßen weggezogen wird.
Aber es gibt auch Käfige mit einem oder zwei ausziehbaren Sandschubern. Gerade diese Variante bietet den Vorteil, daß der Be-

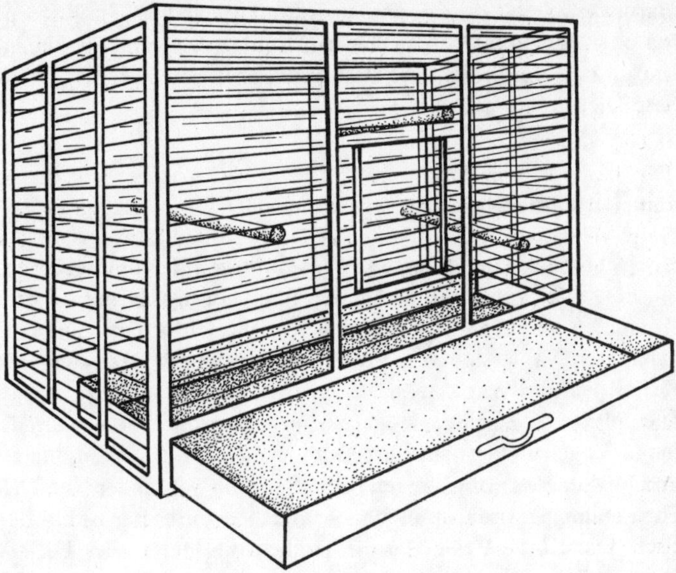

wohner nicht auf Sand oder Futternäpfchen verzichten muß, während Sie gerade eine Lade reinigen und nachfüllen. Achten Sie bei der Auswahl eines solchen Bauers aber darauf, daß sich die Schubladen leicht herausziehen lassen. Wenn die Näpfchen für Futter und Wasser am Gitter eingehängt sind, brauchen Sie zum Herausziehen des Schubers nicht einmal hereinzugreifen: Beides kann während der Reinigung im Käfig bleiben, ohne daß der Vogel gestört wird.
Für den Verschluß der Bauertür gilt: Je sicherer, desto besser. Die meisten Verschlüsse tragen dem Rechnung. Doch knabbern viele Wellensittiche an der Bauertür, wobei manche ein außerordentliches Geschick entwickeln, diese zu öffnen. Das – und auch der normale Gebrauch der Tür – verringern mit der Zeit den Widerstand, so daß Ihr Wellensittich sie ohne Probleme aufbekommt.

Darum empfiehlt es sich, den Verschluß gelegentlich zu überprüfen oder aber zusätzlich zu sichern. Ein kleiner Karabinerhaken, wie er zum Beispiel an Schlüsselbunden zu finden ist, leistet da gute Dienste.

Die Einrichtung

Als Behältnisse für Futter und Wasser leisten die althergebrachten Porzellannäpfchen noch immer gute Dienste. Es gibt sie zum Aufstellen und auch zum Einhängen in die Gitterstäbe. Die eingehängten Näpfe sind von Vorteil, da sie bei der Reinigung des Käfigs nicht im Weg stehen.
Die Futternäpfe sollten möglichst nicht überdacht sein. Gerade junge Vögel finden dann ihr Futter manchmal nicht von alleine und verhungern, obwohl reichlich Nahrung vorhanden ist. Das Futternäpfchen braucht auch nicht tief zu sein, besser ist ein flaches. Die Körnerfresser lassen nämlich die Hülsen des Futters wieder in den Napf zurückfallen, so daß die restliche Nahrung zugedeckt ist. Bei einem flachen Napf geschieht das weniger, und Sie müssen die Hülsenreste nicht so häufig entfernen.
Etwas aufwendiger, aber keine unnütze Spielerei, sind die sogenannten Wasser- und Futterspender, in denen ein nachfüllbares Röhrchen für den nötigen Nachschub sorgt. Auch verschmutzen sie nicht so leicht. Allerdings ist nicht sicher, ob Ihr Vogel sofort dahinterkommt, wie er an die Nahrung gelangen kann.
Entscheiden Sie sich für solche Spender, geben Sie Ihrem Wellensittich besser durch zusätzlich aufgestellte, konventionelle Näpfchen noch etwas Zeit zur Gewöhnung. Erst wenn Sie sicher sind, daß er damit umgehen kann und nicht verhungern oder verdursten wird, kann der zusätzliche Napf entfernt werden.
Gerade wenn Sie einen Jungvogel bei sich einquartiert haben, braucht dieser eine Eingewöhnungszeit, in der er das Futter am besten ständig vor Augen hat. Mit für ihn ungewohnten Spendern kann er sicherlich nicht umgehen. Am Boden hingegen findet er das Futter bestimmt. Auch nach der Eingewöhnungszeit wird Ihr

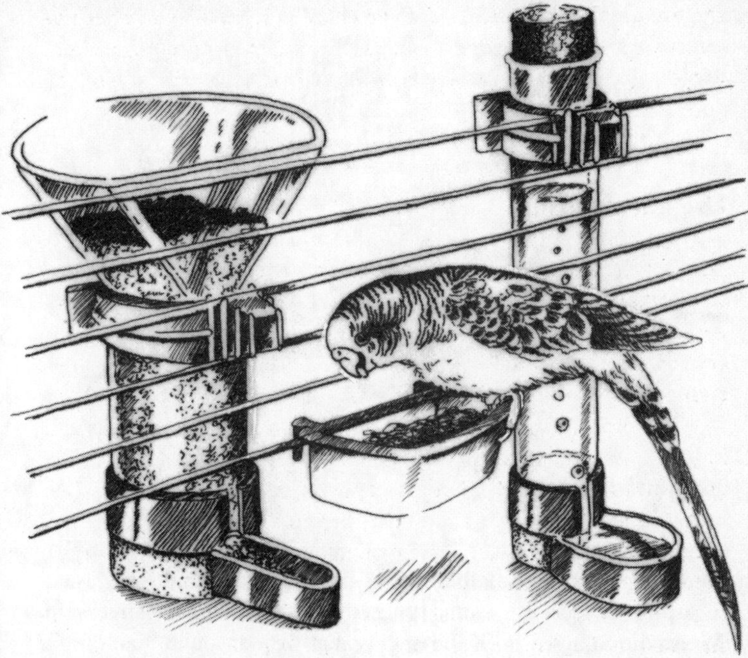

Wasser- und Futterspender

Sittich beständig auf dem Boden Futter suchen – auch eine vererbte Verhaltensweise, denn seine australischen Kollegen finden ihr Futter nur auf dem Boden. Wenn Sie also neben dem Napf auch etwas Futter auf den Boden streuen, wird Ihr kleiner Freund Ihnen sicher dankbar sein.

Innerhalb des Bauers wird der Wellensittich bestimmt eine der Kletterstangen zu seinem Lieblingsplatz auserwählen. Je nach Größe der Unterkunft sollte eine oder zwei dieser Stangen genügend Klettermöglichkeiten bieten. Meistens gehören solche aus Hartholz schon zur Grundausstattung des Bauers. Eine davon sollte in Reichweite des Futternapfes sein, eine zweite im oberen Teil des Bauers. Dort können Sie auch seine Lieblingsspeise, einen Hirsekolben, anbringen; eine kleine Plastik- oder Metallrau-

fe, die immer ein Salatblatt oder andere vitaminhaltige Zusatznahrung bereithält, kann ruhig in Bodennähe befestigt sein. Wenn die Stangen im Käfig angebracht werden, muß man darauf achten, daß sie nicht zu nahe an den Enden des Käfigs liegen. Schäden am Gefieder können die Folge sein, wenn Ihr Wellensittich sich auf der Stange umdrehen will und dabei an das Gitter stößt.

Äste sind die besseren Kletterstangen

Die im Handel erhältlichen Stangen bergen aber auch eine Gefahr in sich: Haben sie alle durchgängig den gleichen Durchmesser und hält Ihr Wellensittich sich häufig im Käfig auf, müssen seine Zehen immer dieselbe Bewegung zum Festhalten auf der Stange ausführen. Das kann zur Zehenversteifung führen.
Halten Sie darum bei Ihren Spaziergängen Ausschau nach geeigneten Zweigen und Ästen, die sich viel besser zum Sitzen und Klettern eignen. Sie wippen leicht nach, wenn der Wellensittich darauf landet, er kann an ihnen nach Herzenslust knabbern, und

der unterschiedliche Durchmesser bietet den Zehen eine abwechslungsreiche Betätigung.
Sowohl bei gekauften Hartholzstäben als auch bei natürlichen Ästen und Zweigen sollte der Durchmesser so bemessen sein, daß die Zehen des Vogels sie gerade eben umspannen können.
Das Knabbern an den natürlichen Ästen hat auch seine Nachteile: Zum einen dürfen nie giftige oder mit Insektiziden behandelte Äste in den Käfig gelangen, ebensowenig solche von giftigen

Bäumen wie zum Beispiel Eiben. Zum anderen sind sie einem natürlichen Verschleiß unterworfen, so daß es sich empfiehlt, ständig einen kleinen Vorrat auf Lager zu haben. Ein dünner Zweig wird oft schon nach einigen Wochen durchgeknabbert sein. Die neuen Äste brauchen aber nicht immer wieder auf Käfigmaß zugeschnitten zu werden. Wenn sie an einer oder an beiden Seiten aus dem Bauer herausragen, kann der Wellensittich sie auch in den Freiflugstunden als Sitzplatz benutzen.
Erklärter Lieblingsplatz wird aber bestimmt die Schaukel sein, die von allem angebotenen Spielzeug das begehrteste ist. Stundenlang können Wellensittiche sich an diesem beweglichen Sitzplatz freuen, und wenn das Futter auch noch in Reichweite wäre, würden sie vielleicht vor lauter Schaukeln das Fliegen vergessen.

Das Spielzeug

Haben Sie ein Pärchen im Bauer, so wird schnell ein heftiges Gezeter darüber entstehen, wer von beiden die Schaukel benutzen darf. Wenn Sie nicht wollen, daß einer den kürzeren zieht und dem Schaukelvergnügen entsagen muß, bleibt Ihnen gar keine andere Wahl, als eine zweite zu kaufen. Die sollte soweit wie möglich mit der ersten übereinstimmen, damit nun auch wirklich kein Grund mehr für Eifersüchteleien besteht. Das gilt auch für alles weitere Spielzeug, das der Fachhandel in Hülle und Fülle bereithält.
Der Wellensittich ist mit »seinen« Sachen ziemlich eigen. Wenn Sie ein Spielzeug durch ein anderes, das völlig gleich aussieht, ersetzen, wird er es bestimmt merken und verstört reagieren. Darum ist es besser, von vornherein eine Käfigausstattung zu wählen, an der hinterher nicht mehr so viel verändert werden muß, sei es nun durch den Austausch oder eine wechselnde Anordnung der Einrichtung. Vor allem wenn Sie sich für eine Einzelhaltung entschieden haben, ist es wichtig, daß der Vogel ausreichende Betätigungsmöglichkeiten innerhalb und außerhalb des

Bauers hat. Er fühlt sich dann nicht so alleine, wenn Sie einmal nicht genügend Zeit für ihn aufbringen können.

Ein Spielgefährte aus Kunststoff in Form eines Stehaufmännchens wird einem Wellensittich sicherlich viele vergnügte Stunden bereiten. Aber Vorsicht bei der Größe! Gerade wenn Sie einem noch nicht ausgewachsenen Jungvogel einen Plastikpartner in den Bauer geben, der größer ist als er, kann das leicht zum Gegenteil führen: Der Kleine bekommt Angst vor dem unechten Großen und wird eher verschüchtert in der Ecke sitzen als mit ihm spielen.

Ein kleiner Spiegel findet sich fast in jedem Bauer. Da hat der Vogel einen Ersatzpartner, der sich auch noch bewegt und genauso lebhaft ist wie er selber. Weibchen reagieren an dem eigenen

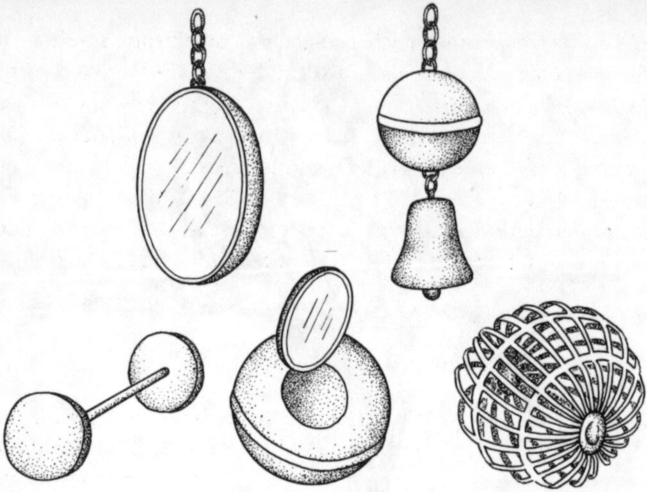

Zum Spielen: oben: Spiegel, Glöckchen; unten: Roller, Stehaufspiel, Gitterball

Spiegelbild sogar ihren Füttertrieb ab. Haben Sie ein Männchen, so wird es sein Gegenüber vorzugsweise anbalzen. Zur ständigen Einrichtung sollte der Spiegel jedoch nicht werden. Manche Tiere können kein Ende finden und steigern sich so in die Auseinandersetzung mit ihrem Gegenüber, daß es sie auf die Dauer zu sehr aufregt und nervös macht.

Bevorzugtes Spielzeug während des Balzspiels wird ein kleines Glöckchen sein, das auch von einer Kletterstange aus erreichbar sein sollte. Je mehr das Glöckchen glänzt und je mehr Krach sich damit schlagen läßt, desto lieber wird es dem kleinen Kerl sein.

Auch über einen kleinen Ball wird er sich freuen. Hier gilt ebenfalls: Je mehr er damit anstellen kann, desto besser. Durch Anstoßen mit dem Schnabel kann er ihn in jedem Fall auf dem Boden des Bauers hin und her rollen. Mit einer gitterförmigen, nicht zu großen Kugel kann er aber noch viel mehr anfangen. Er greift sie nämlich mit dem Schnabel und übt fleißig Weitwurf.

Damit ist die Liste aber noch nicht zu Ende. Wenn Sie nämlich einen so richtig verspielten Typ erwischt haben, dann wird er sich bald in der Wohnung nach geeignetem Spielzeug umsehen, mit Vorliebe nach solchem, das nicht größer ist als er und das er problemlos herumschubsen oder -rollen kann. Seiner Phantasie sind da keine Grenzen gesetzt. Darum sollten Sie ihn anfangs im Auge behalten, um seine Vorlieben herauszufinden. Nicht alles, was ihm gefällt, ist nämlich auch gut für ihn. Bleistiftspitzen oder Filzstiftminen sind absolutes Gift, ebenso wie andere Gegenstände, die im Kapitel über die Gefahren aufgelistet sind (S. 68 ff.).

Ein Lieblingsplatz im Zimmer

Bald wird der Wellensittich sich auch Lieblingsplätze innerhalb des Flug- und Spielzimmers suchen. Einer davon ist bestimmt das Dach des Bauers, das schon deswegen möglichst eben sein sollte. Dort läßt sich auch noch anderes Spielzeug, wie zum Beispiel ein Kletterbogen, anbringen.

Wenn Sie merken, daß der kleine Kerl sich auch ganz gerne auf oder in Ihren Zimmerpflanzen, sofern sie stabil genug sind, aufhält, bietet es sich geradezu an, ihm einen solchen Aufenthaltsort herzurichten. Das ist schnell geschehen: Als Grundlage dient eine nicht giftige, relativ große Zimmerpflanze. Der Blumentopf sollte großzügig bemessen sein. Denn zum einen wird er die Kotbällchen auffangen müssen, zum anderen werden in seine Ecken einige Hölzer hochkant festgesteckt. Wenn Sie diese dann auf verschiedenen Ebenen durch ausreichend stabile Kordeln oder Hölzer miteinander verbinden, haben Sie einen Kletter- und Landeplatz geschaffen, den er bestimmt mit Vorliebe ansteuern wird.

Mit diesem geringen Arbeitsaufwand sparen Sie sich unter Umständen später Zeit und Ärger. Das Problem mit den angeknabberten Blättern und abgelegten Kotbällchen an anderen Stellen der Wohnung wird es dann nicht mehr oder kaum noch geben.

Weder in noch auf den Bauer gehört ein Badehäuschen. Wenn sich herausstellt, daß Ihr Wellensittich eine Vorliebe für das Baden hat – und das haben längst nicht alle –, ist es am günstigsten, das Badehäuschen regelmäßig in die offene Tür des Bauers

Badehäuschen mit erhabenem Muster

einzuhängen. Möglicherweise müssen Sie Ihren Wellensittich erst mit einigen Leckerbissen an seine kleine Badeanstalt gewöhnen. Achten Sie beim Kauf darauf, daß der Boden des Häuschens durch ein erhabenes Muster so beschaffen ist, daß es beim Baden nicht zu Ausrutschern kommen kann. Nach solch einem Mißgeschick wird der Vogel sich bestimmt nicht mehr ins Häuschen hineinwagen und mit dem tropfnassen Salatblatt als Ersatz vorliebnehmen.

Sie sehen: Die Möglichkeiten sind nahezu unbegrenzt, dem Wellensittich ein Zuhause zu schaffen, in dem er sich wohl und nicht gefangen fühlt – vor allem dann nicht, wenn er seinen Lebensraum mit einem Partner teilt.

Abgesehen davon, daß er das Leben in der Freiheit nicht kennt, hat er bei guter Pflege alles, was er braucht: Futter, Wasser, Licht und Gesellschaft. Fliegen, spielen und herumtollen kann er auch. So ein Leben würde sich mancher australische Wildling wünschen, wenn er nach langer Zeit ohne Wasser gerade mal wieder vor einem Raubvogel Reißaus nehmen mußte.

Der Weg nach Hause

Aus seiner gewohnten Umgebung herausgeholt zu werden, verschreckt den Wellensittich zunächst. Noch schlimmer wird für ihn aber die Reise in sein neues Domizil sein: Er kann weder erfassen, was mit ihm geschieht, noch sind die Umstände des Transports für ihn besonders angenehm.

Versuchen Sie darum, die Reise so kurz wie möglich werden zu lassen, und erleichtern Sie ihm die Strapazen des Transports. Am geeignetsten ist sicherlich ein Transportbauer. Wenn Sie keinen haben, versuchen Sie sich einen bei Bekannten oder im Zoogeschäft zu leihen.

Ein kleiner, ausrangierter Bauer leistet ebenfalls gute Dienste, er sollte nur ausreichend stabil sein. Wenn Sie den Käfig abdecken, so ist es unbedingt erforderlich, genug Luft und Licht hineinzulassen. Bekommt der Vogel beides nicht, so wird er ungeheure Ängste ausstehen oder in Panik geraten.

Wenn kein Käfig zur Hand sein sollte, können Sie sich auch mit einem Karton in der Größe einer Schuhschachtel behelfen. Sie präparieren ihn, indem Sie für Luft und Licht kleine Löcher bohren. Der Karton muß vollständig und sicher verschlossen sein, bis auf ein kleines Türchen, das in eine der Seitenwände hineingeschnitten wird, das aber ebenfalls sicher verschließbar sein muß.

Im Geschäft wird man Ihnen den Vogel in einer kleinen Schachtel aushändigen. Diese wird nun geöffnet, aber noch mit der Hand verschlossen gehalten und in den Transportkarton gesteckt. Nachdem die Tür des Schuhkartons geschlossen ist, kann die Reise beginnen. Der verängstigte Vogel kann nun zwischen der für ihn Schutz bietenden Schachtel oder der Bewegungsfreiheit im größeren Karton wählen.
Zu Hause angelangt, bietet diese Art des Transports den Vorteil, daß der Neuankömmling sich im Dunkel des Kartons vorsichtig, aber sicher greifen läßt, um nun in den fertig vorbereiteten Käfig gesetzt werden zu können.
Wenn dort bereits ein Artgenosse auf ihn wartet, sollten beide Vögel nicht sofort zusammen in einem Bauer untergebracht werden. Der neue Wellensittich muß sich erst einmal von den Strapazen der Reise, die ihn angestrengt und verängstigt hat, erholen und langsam in die neue Umgebung einfinden. Erst dann kann er sich allmählich an den ihm zugedachten Partner gewöhnen, am besten in einem benachbarten Käfig. Wenn Sie die beiden eine Weile beobachten, finden Sie bestimmt schnell heraus, ob Streitigkeiten zu erwarten oder die Chancen für ein friedliches Zusammenleben gut sind.
Zunächst werden Sie bei dem Neuling wahrscheinlich ganz dünnflüssigen, durchfallartigen Kot feststellen. Das muß Sie aber nicht beunruhigen, der Durchfall wird meist durch die Aufregungen des Transports verursacht. Erst wenn Sie am 2. Tag noch keine Besserung feststellen, ist es angebracht, Gegenmaßnahmen durch eine andere, stopfende Futterzusammensetzung zu ergreifen (s. Krankheiten S. 74).

Das erste Kennenlernen

Wenn Ihr Wellensittich beim Kauf noch nestjung ist, so bedeutet die neue Umgebung für ihn etwas vollständig Ungewohntes. Nach der Trennung von seinen Eltern hat er bislang nur unter gleichaltrigen Artgenossen, meist auch noch in einer geräumigen Voliere, gelebt. Käfig und Menschen sind ihm gleichermaßen neu.

Das verängstigt ihn natürlich. Deswegen wird er sich unbeweglich in eine Ecke des Käfigs verdrücken, dahin, wo er sich am sichersten glaubt. Im günstigsten Fall wird es nur einige Stunden dauern, bis er sein Gefieder putzt und beginnt, die Umgebung zu erkunden.

Das Aufpicken des auf dem Boden ausgestreuten Körnerfutters ist gleichermaßen Ausdruck von Verlegenheit wie lebensnotwendig: Er braucht nun Nahrung, und an das neue Näpfchen muß er sich erst einmal gewöhnen.

Nach einer Weile wird er sich auch seiner Flügel erinnern und einen kleinen Abstecher auf die erhöhte Position der Sitzstange wagen – vor allem dann, wenn dort ein Leckerbissen wie die zuvor angebrachte Kolbenhirse auf ihn wartet. Schüttelt er dann im Verlauf des ersten oder zweiten Tages sein Gefieder aus, hat er den ersten Streß überwunden und beginnt, sich langsam mit der neuen Umgebung anzufreunden.

Damit hat er zwar das Ärgste überstanden, aber noch immer braucht er viel Ruhe und wird auch tagsüber schlafen. Diesem Ruhebedürfnis können Sie entgegenkommen, indem Sie den Bauer früh am Abend abdecken und Lärm oder Erschütterungen vermeiden.
Solange er sich eingeschüchtert in die Ecke kauert, würde ihn jede Kontaktaufnahme von Ihrer Seite nur weiter verunsichern: Diese Zeit der ersten Gewöhnung muß er ganz allein mit sich austragen.
Auch in den nächsten Tagen sollten sich Menschen nur ganz behutsam seinem Käfig nähern. Seine Angst können Sie ihm ein wenig nehmen, wenn Sie leise und sanft dabei auf ihn einsprechen und ihn auch beim Namen nennen: An den kann er sich gar nicht früh genug gewöhnen.
Es würde der langsamen Eingewöhnung schaden, wenn Sie jetzt schon die Tür des Bauers öffnen und nach ihm greifen. Er hat noch kein Vertrauen zu Ihnen, das dauert eine gewisse Zeit. Begnügen Sie sich also erst einmal mit den vorsichtigen Begegnungen durch die Gitterstäbe. Wenn die mit einem ausreichenden zeitlichen Abstand erfolgen, kommt er nach einigen Malen zu Ihnen hingetrippelt und schaut Sie mit blinzelnden Äuglein an, um dann erst einmal seine Verlegenheit durch eifriges Picken auf dem Boden abzureagieren.

So schaffen Sie sich einen Freund

Sobald der Vogel Angst bekommt, wird er schreckhaft auffliegen und Ihnen damit zeigen, daß er es nicht so eilig hat. Dann sollte er in jedem Fall erst einmal wieder in Ruhe gelassen werden.
Allerdings wird es schon am Morgen des zweiten Tages unumgänglich sein, daß Sie in den Käfig greifen, um die Näpfchen für Futter und Wasser herauszunehmen, sie heiß auszuwaschen und neu zu füllen. Sie können diese Begegnung für Ihren Vogel weniger schreckhaft machen, wenn Sie sich nur ganz vorsichtig bewegen und dabei leise zu ihm sprechen.
Wenn er dabei nicht mehr in Panik gerät, haben Sie das Spiel schon halb gewonnen und können sich schon weiter vorwagen. Ein Salatblatt, ein Möhrenspalt oder ein Apfelstückchen, durch die Gitterstäbe gereicht, wird ihn bestimmt interessieren. Er wird skeptisch hinschauen und auch versuchen, mit ausgestrecktem Köpfchen heranzukommen.
Ist er ganz mutig, kommt er auch näher und knabbert daran. Hat er dazu aber noch zuviel Angst, lassen Sie ihn allein mit dem Leckerbissen, über den er sich erst dann hermacht, wenn er sich sicher fühlt.
Wird dieser Ablauf Tag für Tag – am besten zur selben Zeit – wiederholt, verliert der Wellensittich schnell seine Scheu. Es ist nun Zeit für ein näheres Kennenlernen. Das Öffnen des Türchens

Vertrauen geht durch den Magen

verängstigt ihn nun nicht mehr, denn oft genug hat er diesen Vorgang beim Futter- und Wasserwechsel miterlebt. Wenn er nun in der geöffneten Tür eine Kolbenhirse oder eine ähnliche Leckerei erspäht, kann er der Versuchung nicht lange widerstehen. Vielleicht nicht gleich beim ersten Mal, aber doch bald greift er mit dem Fuß danach und pickt an ihr.

Noch ist es jedoch zu früh, den Handkontakt herzustellen. Der Wellensittich wird nach einer gewissen Zeit, wenn er keine Angst mehr vor Ihnen hat, von ganz alleine auf Ihre Hand kommen. Dann setzt er auch einen oder beide Füße darauf und klettert auf ihr herum.

Der erste Freiflug

Ist der Handkontakt hergestellt und zur gewohnten Übung geworden, kann man beginnen, den Vogel auf der Hand aus dem Bauer zu nehmen. Das ist natürlich ganz neu und besonders aufregend für ihn. Darum vermeiden Sie schnelle Bewegungen und sprechen dabei ruhig auf ihn ein. Die vertraute Stimme lenkt seine Aufmerksamkeit ab, er ängstigt sich nicht so sehr.
Er nimmt nun wahr, daß zu der bekannten Hand auch ein Körper gehört. Den wird er erst einmal neugierig erkunden und auf dem Arm oder der Schulter herumklettern. Wenn Sie dabei mit ihm langsam im Zimmer herumspazieren, fesselt dies seine Aufmerksamkeit, ohne daß er Angst bekommt.
Vielleicht mag er auch nicht so lange warten und nutzt die Gelegenheit zu seiner ersten Flugstunde; sei es nun aus Interesse oder weil er sich doch erschreckt hat. Damit muß man in jedem Fall rechnen und alle Fenster und Türen schon vorher schließen. Ein geschlossenes Fenster allein reicht aber nicht. Ist es nicht von Stores oder Vorhängen bedeckt, erkennt er das Glas nicht als Begrenzung des Raumes und fliegt möglicherweise dagegen und verletzt sich. Können Sie keine Gardinen anbringen, ist es genauso praktisch, die Jalousien zu zwei Dritteln herunterzulassen,und, wenn nötig, das elektrische Licht einzuschalten. Wenn er sich nach seinem ersten Rundflug auf Ihrem Kopf oder der Schulter niederläßt, wird er bereitwillig den hingehaltenen Finger akzeptieren und sich zum Bauer zurücktragen lassen, wo ihn eine kleine Belohnung erwartet.
Doch wer kennt nicht die Karikatur von dem entflogenen Wellensittich auf der Gardinenstange? Wenn Ihr Schützling die zu seinem Landeplatz auserwählt, ist es am besten, ihn erst einmal gewähren zu lassen. Vielleicht nimmt er ja noch einen Anlauf und kehrt zu Ihnen oder zum Käfig zurück. Tut er dies nicht, so wäre es jetzt grundverkehrt, ihn einfangen zu wollen.
Nicht umsonst hat er sich einen erhöhten Sitzplatz ausgesucht, dort fühlt er sich am sichersten. Er hat also Angst in der neuen Umgebung, die er bis jetzt ja nur durch seine Gitterstäbe hin-

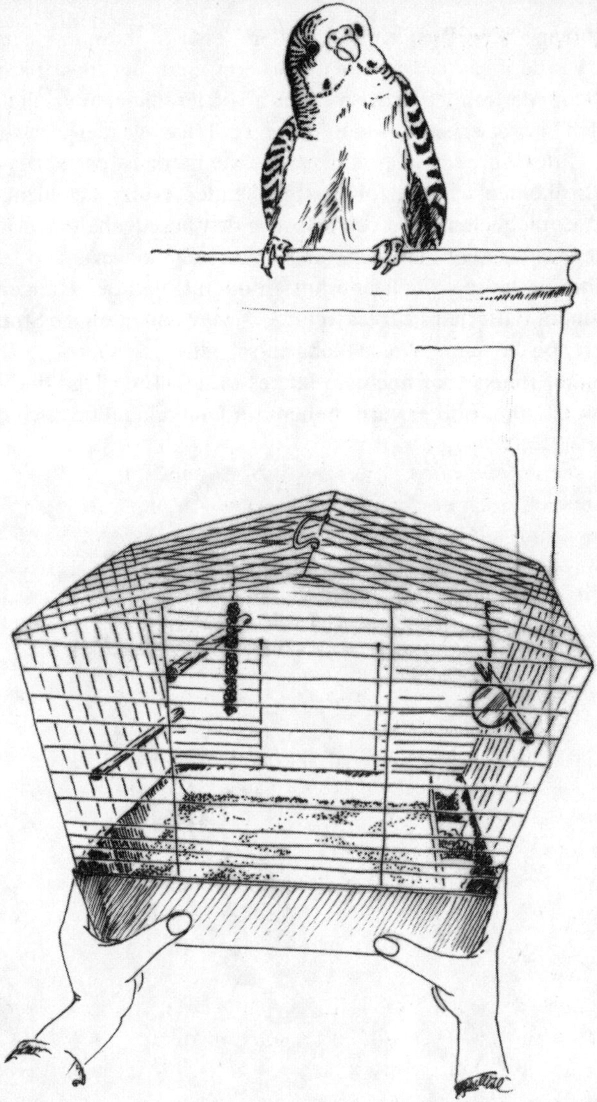

Der Vogel darf beim Einfangen nicht erschreckt werden

durch vage kennengelernt hat. Jeder Versuch, ihn nun einzufangen, würde diese Angst nur noch vergrößern und das frisch erworbene Vertrauensverhältnis gleich wieder zunichte machen. Vielleicht läßt er sich aber mit einigen Tricks wieder zurücklokken. Gutes Zureden allein hilft meist wenig, da ist der altbewährte Hirsekolben schon erfolgversprechender. Nützt dies nichts, so kehrt er möglicherweise von selbst in den bereitgehaltenen Käfig zurück. Ist er aber gar nicht zur Rückkehr zu bewegen, so lassen Sie ihn am besten allein und hoffen darauf, daß der Hunger ihn zu seinem Futternapf zurücktreibt – auch wenn es einige Stunden dauert, bis er sich zur Rückkehr entschließt.
Es bleibt Ihnen aber noch ein letztes Mittel. Eine Jagd bei Licht erschreckt ihn, und er wird fliehen, im Dunkeln läßt er sich ohne

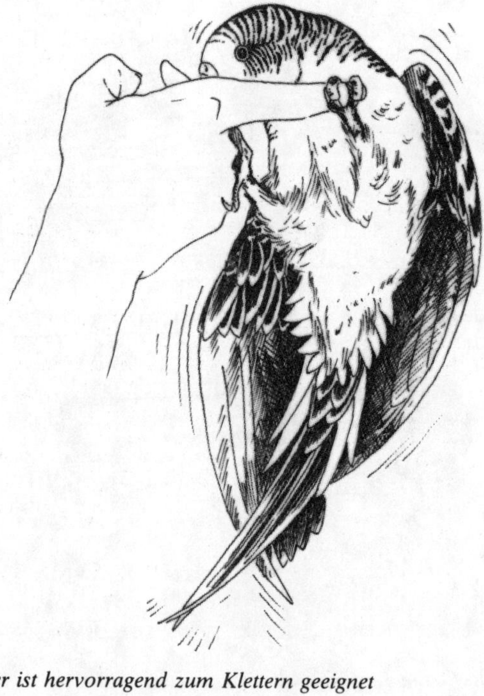

Ein Finger ist hervorragend zum Klettern geeignet

weiteres in die Hand nehmen. Aber prägen Sie sich die Stelle, an der er hockt, zuvor gut ein, damit Sie ihn im abgedunkelten Zimmer sicher greifen können.
Ob Ihr Vertrauensverhältnis unter diesem Erlebnis gelitten hat, zeigt sich bei der Flugstunde am nächsten Tag. Auch wenn die vielversprechend beginnt, kann es sein, daß sie genauso endet wie die vorherige. Doch lassen Sie sich nicht entmutigen. Das wiederholt sich bestimmt nicht oft, und Ihr Wellensittich wird Ihnen immer mehr vertrauen.
Ihren Finger wird er bald als bevorzugte Kletterstange benutzen und Ihre Schulter als bequemen Platz zum Ausruhen. Da läßt er sich dann auch gerne mit dem Finger durchs Kopfgefieder kraulen und lauscht Ihren Worten. Auch zum Bauer wird er freiwillig – auf dem Finger oder aus eigenem Antrieb – zurückkehren, sobald ängstliche Reaktionen ihn nicht mehr davon abhalten.
Wenn Sie es einrichten, sich täglich um dieselbe Zeit um ihn zu kümmern, erwartet der Wellensittich Sie schon: Er hat Sie als Freund akzeptiert. Als sozial lebender Vogel braucht er Gesellschaft, von der er nun weiß, daß Sie sie ihm geben – auch wenn es Zeit und Geduld braucht, bis die menschliche Nähe für ihn zur Selbstverständlichkeit geworden ist.

An Spielzeug gewöhnen

Haben Sie einmal keine Zeit für ihn, kann er seinem Bedürfnis nach Spiel und Gesellschaft mit dem Kunststoffpartner, den Sie ihm in den Bauer gegeben haben, nachkommen. Auch hier gilt es, ihn langsam und behutsam damit vertraut zu machen. Sobald Sie merken, daß er sich an seine neue Käfigumgebung gewöhnt und die erste Befangenheit abgelegt hat, zeigen Sie ihm Spiegel, Glöckchen oder Ball mit beruhigenden Worten. Wenn er es ohne Schreckreaktion hinnimmt, daß Sie in den Käfig greifen, können Sie es ihm in den ersten Tagen, sozusagen zum Kennenlernen, wechselweise in den Bauer geben, bis er unbefangen damit spielt. Dann können alle diese Gegenstände zur festen Einrichtung des

Bauers werden. Ist sein menschlicher Partner ihm erst einmal vollständig vertraut, freut er sich auch über gemeinsame Spielstunden, bei denen er dann nicht mehr alleine toben muß. Stolz vollführt er dann seine Kunststückchen mit dem Ball oder trägt einen kleinen Schaukampf mit dem Spiegel aus.
Bewegt der Wellensittich sich erst einmal frei im Zimmer, sind seiner Phantasie beim Entdecken neuen Spielzeugs keine Grenzen gesetzt. Dabei beschäftigt er sich mit Vorliebe mit allem, was sich durch Rollen oder Anstoßen in Bewegung setzen läßt. Aber er findet auch Gefallen an Gegenständen, die er anknabbern kann. Schelten Sie ihn deswegen nicht aus. Und sollte er ausgerechnet Ihre beste Topfpflanze bevorzugen, bauen Sie ihm einen Kletterbaum oder quartieren Sie die Pflanze aus, bevor Sie sich ernsthaft ärgern müssen.

Tierliebe ist Tierpflege

Wie alle Vögel der Papageienfamilie sind auch Wellensittiche ziemlich robuste und in der Haltung anspruchslose Tiere. Selten werden sie von einer Krankheit befallen, und ihre Pflege läßt sich ohne großen Aufwand bewerkstelligen. Wenn Sie Ihrem Wellensittich ein geräumiges und sauberes Zuhause gönnen, ihn regelmäßig mit abwechslungsreichem Futter versorgen und sich mit ihm beschäftigen, mangelt es ihm eigentlich an nichts mehr.

Am wichtigsten ist natürlich der regelmäßige Futternachschub. Der Vogel sollte immer Futter und Wasser in seinen Näpfchen vorfinden, denn wie bei allen Kleintieren arbeitet sein Stoffwechsel ziemlich rasch. Wenn Sie sich abends von ihm verabschieden, schauen Sie noch einmal nach, ob noch genügend Futter oder Wasser für die frühen Morgenstunden da ist. Auch wenn die Näpfe eigentlich noch ausreichend gefüllt sind, müssen die Spelzen der Körner, die der Wellensittich zurückfallen läßt, mit einem Löffel entfernt oder weggeblasen werden. Das ist keine große Mühe, und wenn Sie zweimal täglich das Futter freilegen, reicht das aus.

Für den Futternachschub selbst brauchen Sie nur einmal am Tag zu sorgen, am besten morgens. Dabei müssen die Näpfe mit heißem Wasser gereinigt und abgetrocknet werden, bevor sie nachgefüllt werden.

Kochendheißes Wasser reicht zum Reinigen der Gefäße völlig aus – es ist sogar das beste Mittel. Reinigungszusätze wie Spülmittel sind reines Gift für den Wellensittich, mögen die Rückstände auch noch so gering sein.

Außer den Näpfen nehmen Sie am besten auch gleich die Sitzstangen mit heraus und bürsten sie unter fließendem, heißen Wasser ab. Auf ihnen setzen sich beständig Kotreste ab, die nicht nur Krankheitserreger anziehen, sondern auch zu Entzündungen an den Vogelfüßen führen können.

Zweimal wöchentlich ist ein Sandwechsel fällig. Durch das häufige Kotabsetzen und die Futterreste ist der Sand schon nach wenigen Tagen verschmutzt.

Wie wichtig frischer Sand für den Wellensittich ist, kann man leicht daran sehen, daß er sehr häufig, wie auf Futtersuche, in ihm herumpickt. Machen Sie sich keine Sorgen, daß ihm sein Futter vielleicht nicht schmeckt. Abgesehen davon, daß die Nahrungssuche am Boden eine ihm angeborene, natürliche Verhaltensweise ist, findet er im Sand lebenswichtige Stoffe wie Kalkstein in Form von gemahlenen Muschelschalen und andere Mineralien.

Auch aus einem anderen Grund sollte am Vogelsand nicht gespart werden: Durch die Berührung mit dem Sand wetzen sich die Krallen des Wellensittichs ab, die in freier Natur viel mehr beansprucht und abgenutzt werden.

Beim Wechsel des Sandes empfiehlt es sich, gleichzeitig den Schuber mit heißem Wasser zu reinigen. Bei der Gelegenheit, also etwa einmal wöchentlich, sollte auch das Spielzeug aus dem Käfig genommen und gereinigt werden. Bei jedem 3.–4. Sandwechsel braucht auch der Käfig selbst eine Grundreinigung. Das geht am besten in einer Wanne, wo er unter fließendem, heißem Wasser abgebürstet wird.

Hat man die Sitz- und Kletterstangen wieder an den Gitterstäben befestigt, gibt man etwas Milbenspray auf die Stellen, an denen Stange und Gitter miteinander verbunden sind. Wellensittiche sind zwar nicht besonders anfällig gegenüber Bakterienbefall, doch Vorbeugen ist besser als eine spätere Krankheit.

Ein Bad nicht nur zum Wochenende

Auch ein Vogel braucht gelegentlich eine Grundreinigung. Dazu müssen Sie ihn vielleicht gar nicht überreden, denn viele Wellensittiche haben eine ausgesprochene Vorliebe für ein Bad oder eine Dusche. Wenn Sie zum Beispiel sehen, daß der Vogel die Wassertropfen in einem frisch angereichten Salatblatt zu einem kleinen Bad nutzt, werden Sie leichtes Spiel haben, ihn mit dem

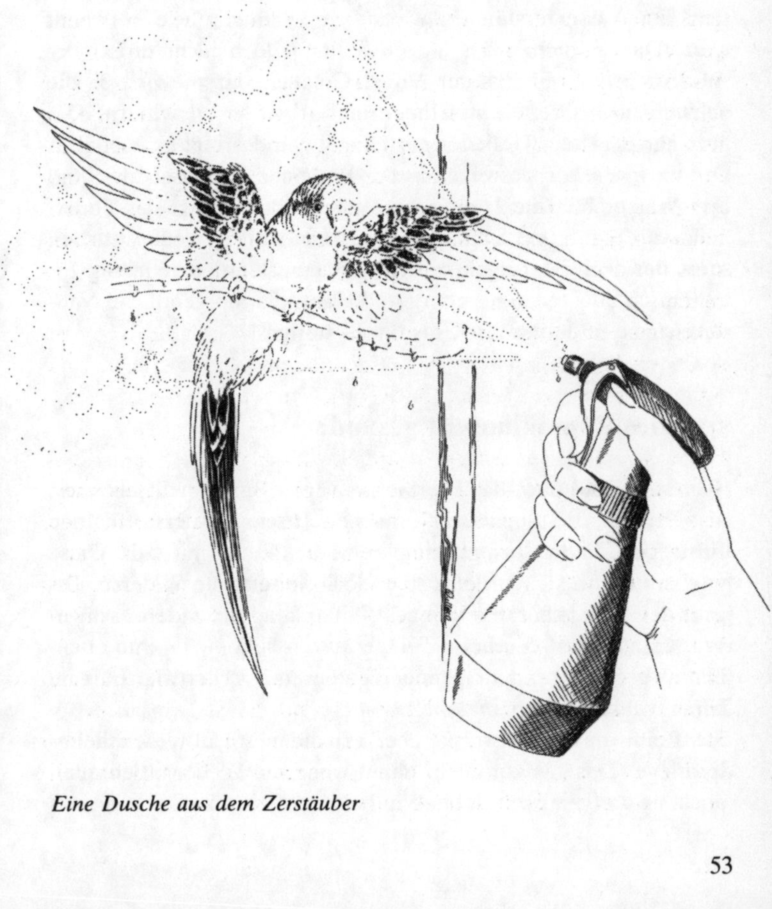

Eine Dusche aus dem Zerstäuber

Badehäuschen vertraut zu machen. Mindestens einmal in der Woche ist Badezeit. Wenn der Vogel das Badehäuschen zunächst einmal kritisch beäugt, empfiehlt sich ein kleiner Trick: Einige Körner im eingehängten, noch wasserlosen Häuschen locken ihn bestimmt hinein, wenn Sie ihn dabei nicht drängen. Hat er es auf diese Weise schon ein wenig kennengelernt, wird er wahrscheinlich auch hineingehen, wenn etwas Wasser den Boden bedeckt. Vermutlich genießt er das Bad sogar.
Helfen jedoch weder Körner noch gute Worte, muß der Wellensittich eben eine Dusche über sich ergehen lassen. Dazu eignet sich ein Wasserzerstäuber, wie er zur Blumenpflege verwandt wird. Das Köpfchen des Vogels sollte jedoch nicht direkt besprüht werden. Findet der Vogel Gefallen daran, wird er die Schwingen ausbreiten und Ihnen die Arbeit so erleichtern. Danach putzt er sein Gefieder mit Hingabe und bringt es wieder in Ordnung – schon deswegen ist das Bad oder die Dusche wichtig. Das Wasser hält die Haut auch elastisch und reinigt das Federkleid von Staub und Schuppen. Bei freilebenden Wellensittichen sorgt der tägliche Regen in den Tropenwäldern regelmäßig für ein Durchfeuchten von Federn und Haut, die morgendliche Nahrungssuche im taunassen Gras tut ihr übriges.

Welches Raumklima ist gesund?

Nach dem Bad oder der Dusche ist Zugluft noch mehr als sonst zu vermeiden. Stubenvögel brauchen frische, sauerstoffhaltige Luft, doch Zugluft bringt schnell eine Erkältung mit sich. Diese mag an und für sich harmlos sein, doch sie setzt die Widerstandskraft des Vogels herab und macht ihn anfällig für andere, schwerere Krankheiten. Zu hohe Temperaturen bekommen ihm ebenfalls nicht. Denn mit steigender Temperatur verliert die Luft im Zimmer ihren Sauerstoffgehalt.
Das Reinigen mit Wasser ist aber nur die eine Hälfte der Gefiederpflege. Das gilt vor allem dann, wenn ein Wellensittich alleine, ohne Artgenossen, lebt. Wie bei den meisten Vögeln ist das

gegenseitige vorsichtige Beknabbern und Kraulen des Gefieders ein fester Bestandteil des Zusammenlebens. Wir nennen es »soziale Gefiederpflege«. Ist kein anderer Vogel da, der diese Aufgabe übernehmen kann, so kommt sie dem Menschen zu. Vorsichtiges Kraulen mit einem Finger mag Ihr Wellensittich bestimmt gerne. Hat er Sie erst einmal als Partner akzeptiert, so wird er Ihnen schon klarmachen, wann er gestreichelt werden möchte, und hält Ihnen die bevorzugten Partien seines Gefieders hin.

Für das gesunde Federkleid ist auch ein regelmäßiges und ausreichendes Schlafpensum erforderlich. Gehen Sie selbst zeitig zu Bett, oder steht der Bauer in einem abends ruhigen Raum, gibt es keine Probleme. Bei lauter Musik, laufendem Fernseher oder abendlichen Gesprächen kann der Vogel allerdings nicht schlafen. In dem Fall schirmt ihn eine über seine Unterkunft gelegte Decke schon ein wenig ab und verhilft ihm zur nötigen Nachtruhe. Bekommt er die nicht und leidet so unter Schlafmangel, wird er zunehmend nervöser. Das äußert sich dann bald in Federrupfen und einem entsprechend unansehnlichen Gefieder.

Futter und Trinkwasser

Die Nahrung, die unsere Stubenvögel bekommen, kann nie so reichhaltig, vielfältig und abwechslungsreich sein wie die in der freien Natur. Doch durch den langen Zeitraum, den die Wellensittiche in unseren Breitengraden schon gezüchtet werden, haben sie sich mit Futterstoffen abgefunden, die ihrer natürlichen Nahrung gleichen.

Das Futter, das es heute fast in jedem Supermarkt abgepackt zu kaufen gibt, enthält bereits alle wichtigen Nährstoffe. Doch genausowenig, wie wir uns ausschließlich von Konserven ernähren mögen oder können, braucht auch ein Stubenvogel frische Nahrung und ab und zu einige Leckerbissen.

Der Organismus eines Wellensittichs reagiert besonders empfindlich, wenn ihm bestimmte Vitamine fehlen. Andere Zusatzstoffe, die bei freilebenden Vögeln in ihrer Heimat die Natur liefert, sind wichtig, um die Körperfunktionen aufrechtzuerhalten.

Darum kann das tägliche Futter gar nicht abwechslungsreich genug sein. Dies mag in der ersten Zeit aufwendig erscheinen. Aber es ist auch ein Bestandteil Ihres Zusammenlebens mit dem Vogel, und er dankt es Ihnen mit Gesundheit, Lebhaftigkeit und fröhlichem Zwitschern.

Ebenso wie das Temperament der Wellensittiche untereinander ganz verschieden ist, entwickelt jeder einzelne von ihnen eine

Vorliebe für bestimmte Nahrung. Auch der tägliche Futterbedarf schwankt von Tier zu Tier. Was und wieviel Ihr Kostgänger am liebsten frißt, werden Sie aber schnell herausfinden.

Körner als Grundnahrung

Wenn Sie nur einen Wellensittich oder ein Pärchen zu versorgen haben, lohnt es sich nicht, das Futter selbst zu mischen. Die handelsüblichen Mischungen bestehen fast alle zur Hälfte aus verschiedenen Hirsesorten, denen reichlich Glanz und eine geringe Menge Negersaat, Hafer, Hanf und Jodkörnchen beigemischt sind. Diese Zusätze liefern dem Vogel Kohlenhydrate, Fett, Eiweiß, Mineralstoffe und Vitamine. Doch je länger das Futter lagert, desto mehr verliert es an Nährwert. Vor allem die Vitamine leiden unter langer Lagerung.

Wenn Sie das Körnerfutter abgepackt kaufen, sollten Sie auf das Herstellungsdatum achten. Der Gesetzgeber schreibt vor, daß es ebenso wie die Dauer der Haltbarkeit auf der Packung vermerkt sein muß. Das sind normalerweise 12 Monate. Aber auch wenn der Inhalt viel schneller verzehrt wird, empfiehlt es sich, die Packung so zu lagern, daß das Futter möglichst wenig unter der Lagerung leidet. Eine optimale Haltbarkeit erhalten Sie bei einer Luftfeuchtigkeit um 70 %, die Temperatur sollte etwa 10° Celsius betragen. Wenn Sie nicht sicher sind, daß Sie über solche Lagerbedingungen verfügen, sollten Sie nicht allzuviel auf Vorrat einkaufen.

Im Handel sind noch immer Körnermischungen ohne Jodzusatz erhältlich. Auch wenn diese weniger kosten, sollte auf den Jodzusatz nicht verzichtet werden. Er verhindert Krankheiten an der Schilddrüse, die für den Körperhaushalt des Wellensittichs größte Bedeutung hat: Sie filtert Krankheitserreger und Schadstoffe aus dem Blut.

Die Zusammensetzung und Beimischungen der gängigen Futtermittel sind unterschiedlich. Hat der Wellensittich sich erst einmal an eine Sorte gewöhnt, sollte man vermeiden, ihm plötzlich ein

Die Lieblingsspeise der meisten Wellensittiche: Kolbenhirse

anderes Futter zu geben, das er vielleicht gar nicht so gerne mag. Da ist es besser, ihn durch eine Mischung von altem und neuem Futter ganz allmählich auf den neuen Geschmack zu bringen.
Durch ihren raschen Stoffwechsel nehmen Vögel nie große Mengen Futter auf. Wenn sie sich im Käfig aufhalten, picken sie immer nur ein wenig auf, das aber sehr häufig am Tag. Haben Sie Freude daran, daß Ihr Wellensittich sich oft und lange frei im Zimmer bewegt – er läßt sich sicher nicht zweimal bitten –, können Sie ihm entgegenkommen, indem Sie auch außerhalb des Bauers ein Futterschälchen für ihn bereitstellen, am besten an

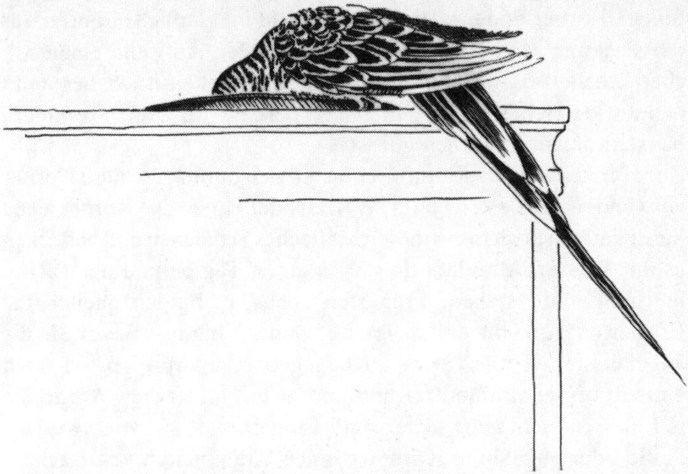

Ein flacher Teller auf dem Schrank erspart das Einsammeln leerer Hülsen

seinem Lieblingsplatz. Die Verunreinigung, die durch entleerte Hülsen entsteht, läßt sich dadurch gering halten, daß ein flaches Schälchen bereitgestellt wird. Dann fallen die Hülsen und Spelzen nämlich dorthin zurück und fliegen nicht im Zimmer umher.

Eine Delikatesse: Quell- und Keimfutter

Der größte Teil der Nahrung, die freilebende Wellensittiche in ihrer Heimat zu sich nehmen, besteht aus schon angekeimten Körnern und halbreifen Sämereien. Die Vögel picken die Körner, die durch den hohen Feuchtigkeitsgehalt des Bodens gequollen sind oder gekeimt haben, aus dem Gras.
Wildvögel wissen schon, was gut für sie ist: Beim Keimen verringert sich zwar der Nährstoff der Körner, doch der Vitamingehalt steigt an. Außerdem macht das Quellen das Futter leichter verdaulich. Am wertvollsten sind die Körner dann, wenn gerade die Triebe erscheinen. Dann mögen sie die Vögel auch am liebsten.

Solche Körner finden sich natürlich nicht im käuflichen Futter aus der Packung. Aber Sie können ohne großen Aufwand einen solchen Leckerbissen zubereiten, dem Ihr Wellensittich bestimmt nicht widerstehen kann und der außerdem für seinen Vitaminhaushalt außerordentlich gut ist.
Zur Herstellung von Keimfutter lassen sich nur ungeschälte Körner verwenden, am besten Hafer, Weizen oder Hirse. Die Körner legen Sie etwa 3 cm hoch in ein möglichst flaches Schälchen und bedecken es mit Wasser. Man läßt dies dann einen Tag bei normaler Zimmertemperatur stehen. Frühesten nach 24 Stunden quellen die Körner auf, und die ersten Triebe kommen heraus. Bevor Sie die angekeimten Körner in den Käfig geben, überprüfen Sie noch einmal, ob sie einwandfrei sind und nicht faul riechen. Wenn Sie sich dessen nicht ganz sicher sind, ist es besser, sie wegzuwerfen: Faule oder angefaulte Körner können Krankheiten verursachen. Riechen die Körner einwandfrei, spülen Sie sie mit einem kräftigen kalten Wasserstrahl durch. Was Ihr Wellensittich verschmäht hat, nehmen Sie nach einigen Stunden wieder heraus – die Gefahr, daß das Keimfutter schlecht wird, ist sonst zu groß. Nach einigen Malen wird sich zeigen, wieviel übrigbleibt. Darauf können Sie dann die Körnermenge abstellen.

Grünfutter liefert wichtige Vitamine

Die konservierten Vitaminstoffe im abgepackten Futter reichen nicht aus, um den täglichen Bedarf des Vogels zu decken. Doch es gibt genügend Möglichkeiten, einen abwechslungsreichen Speiseplan zu erstellen: In der Küche fällt immer wieder ein Salatblatt oder ein Stückchen Obst ab, auf Spaziergängen oder sogar im eigenen Garten findet sich auch etwas.
Ganze Salatblätter sind ein Leckerbissen für Stubenvögel, zumal sie darin auch ein tauähnliches Bad nehmen können. Denn bevor das Blatt auf die am Käfig angebrachte Raufe kommt, muß es selbstverständlich mit lauwarmem Wasser abgewaschen werden. Das gleiche gilt für Spinat, Petersilie und Möhrenkraut.

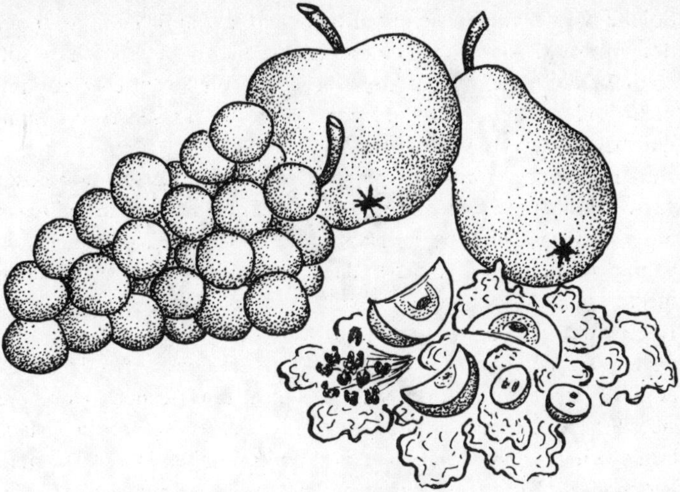

Stilleben nach Wellensittich-Art: kleingeschnittene Trauben, Äpfel, Birnen und Salat

Am Wegrand finden sich Löwenzahnblätter, Sauerampfer und Vogelmiere, letztere sogar in den Wintermonaten. Doch gerade bei solchen freiwuchernden Gewächsen ist darauf zu achten, daß sie nicht zuviel Autoabgase mitbekommen haben.
Karotten werden Ihrem Wellensittich ebenfalls willkommen sein, wobei es ihn nicht interessiert, ob er sie gerieben oder als Scheibe serviert bekommt.
Von den Obstsorten schmeckt ihm alles, was Sie aus Ihrer Obstschale abgeben: ein kleiner Apfel- oder Birnenspalt, ein Stück Weintraube oder Banane, aber auch Erdbeeren und Pflaumen.
Auch dem Wellensittich kann es passieren, daß die Augen größer sind als der Magen und er zuviel frißt. Das zeigt sich aber bald an seinem Kot, denn zuviel Obst hat Durchfall zur Folge. Das läßt sich aber einfach wieder auskurieren, indem Sie ihm solche treibenden Futterstoffe vom Speiseplan streichen, bis die Verdauung wieder in Ordnung ist.

Vogelmiere

Vitamine, Mineralstoffe und Spurenelemente sind aber auch in den Ästen und Zweigen zahlreicher Obstbäume enthalten. Mit großem Appetit stürzen sich gefiederte Feinschmecker vor allem auf die Knospen. Aber auch die Rinde ist wohlschmeckend und nahrhaft. Wenn Sie die Hartholz-Kletterstangen im Bauer durch Äste ersetzt haben, zeigen die bald die ersten Knabberspuren. Das Knabbern sorgt auch für ein wenig Beschäftigung im Bauer. Alle Obstbäume, aber auch Schwarzdorn, Weißdorn, Eiche, Ulme und Buche liefern solche Zweige.

Bei solchen Mitbringseln aus dem eigenen oder fremden Garten muß man jedoch darauf achten, daß Zweige, Obst oder Gemüse keine Rückstände von Pflanzenschutzmitteln aufweisen. Beim

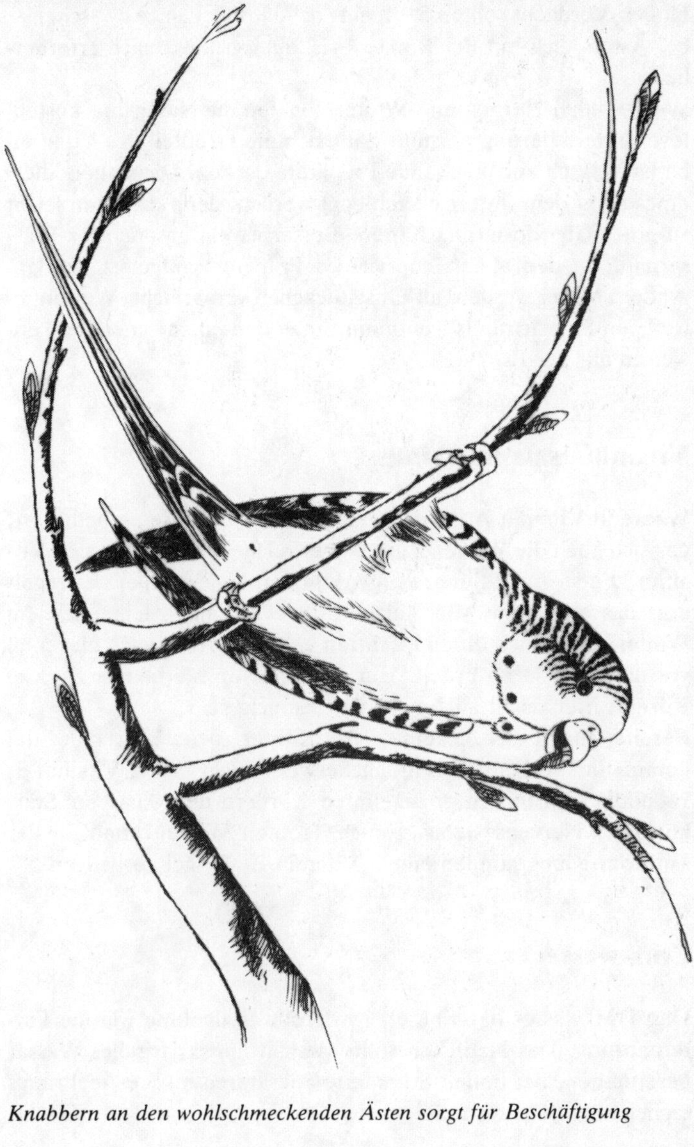

Knabbern an den wohlschmeckenden Ästen sorgt für Beschäftigung

bloßen Verdacht sollten Sie nichts davon pflücken. Abwaschen – bei Ästen auch mit der Bürste – ist aber grundsätzlich erforderlich.
Wenn in den Herbst- und Wintermonaten die Natur ihre kostenlose Futterlieferung einstellt, läßt sich ein Großteil des Vitaminbedarfs durch entsprechende Präparate decken. Die sollten allerdings nicht dem Futter beigemengt werden, denn das kann leicht zu einer Überdosierung führen. Besser ist ein gesonderter Wassernapf, in dem 4–5 Tropfen des Präparats aufgelöst werden. Andere Mittel werden auf Obststückchen verabreicht. Was im jeweiligen Fall richtig ist, entnimmt man den entsprechenden Hinweisen auf der Packung.

Vitaminersatz im Winter

Während Vitamin A in frischem Obst und Gemüse enthalten ist, das sich auch die Wintermonate über reichen läßt, bildet sich Vitamin D erst durch Sonneneinwirkung im Vogelkörper. Es regelt dort das Verhältnis von Kalzium und Phosphor zueinander. Im Winter läßt es sich durch Fischtran ersetzen. Aber auch hier muß vorsichtig dosiert werden. Ein Teelöffel im Verhältnis zu 1 kg Körnerfutter reicht aus, mehr darf es nicht sein.
Bereitet Ihnen das Ankeimen der Körner zuviel Umstände, bekommt Ihr Wellensittich möglicherweise nicht genug Vitamin E. Es bildet sich in den angekeimten Körnern und dient zur Stärkung des Nervensystems. Einige Tropfen Weizenkeimöl in der Futtermischung können einem Vitamin-E-Mangel vorbeugen.

Trinkwasser

Das Trinkwasser hat eine ebenso große Bedeutung wie die Futternahrung. Das Näpfchen sollte deshalb immer frisches Wasser bereithalten, bei hohen Sommertemperaturen muß es mehrmals täglich aufgefüllt werden.

Direkt aus der Leitung entnommenes Wasser ist nicht unbedingt rein. Es abzukochen würde zwar die darin enthaltenen Bakterien abtöten, aber ebenso die Wertstoffe vernichten. Wenn Sie es jedoch einige Stunden stehenlassen, bevor Sie es in die Tränke oder den Napf geben, kann wenigstens das Chlor entweichen. Wenn Sie es abkochen, sollten ein geringer Zusatz von Obstessig – etwa 30 ml auf 1 l – oder Vitaminpräparate den Wirkstoffverlust zumindest teilweise wieder ausgleichen.

Wichtige und unnütze Leckereien

Neben Körnern, Wasser und Grünzeug, die als Grundnahrung gelten, bietet der Handel einige Arten von Zusatzfutter an. Darunter befinden sich lebenswichtige Nahrungsmittel, nette Leckereien – aber auch unnütze, wie Sprechperlen.
Eine zusätzliche Kalkzufuhr neben dem Grundfutter zählt zum Beispiel zu den lebenswichtigen Angeboten. Vögel brauchen Kalk, um ihre Knochen zu stärken und das Federkleid auszubilden. Wenn Sie ganz fein gestoßene Eierschalen auf den sauberen Vogelsand geben, bekommt Ihr Wellensittich so den wichtigen Kalk. Sepiaschalen – die es auch vitaminiert zu kaufen gibt – und Kalkstein erfüllen dieselbe Funktion. Vielleicht wird Ihr Wellensittich diese wochenlang einfach nicht zur Kenntnis nehmen. Daraus kann man aber nicht schließen, daß das Grundfutter bereits genug Kalkzusätze enthält: Der Kalkbedarf ist nicht konstant. Wenn der Körperhaushalt wieder danach verlangt, wird der Vogel sich auch für die Kalkschale oder den Kalkstein interessieren. Für diesen Fall ist es gut, einen kleinen Vorrat zu haben, denn ein Kalkstein kann schnell aufgebraucht sein.
Der Wert von Sepiaschalen, die aus kalkhaltigem Tintenfischschulp hergestellt werden, ist umstritten. Sie enthalten Natriumchlorid, das zu Legenot führen kann.
Wenn Ihr Wellensittich in der Mauser ist, gerade zu brüten beginnt oder es mit seiner Gesundheit nicht zum besten steht, bietet Aufzuchtfutter eine gute Möglichkeit, die übliche Nahrung aufzu-

Die Sepiaschale ist ein wichtiger Kalksteinlieferant

werten. Das Aufzuchtfutter gibt es vorrangig in Pulverform. Es enthält neben Kalk, Eiweiß und Vitaminen auch Spurenelemente und ist eigentlich als Nahrungszusatz für die Zeit, in der Nachwuchs erwartet wird, gedacht.

Diese Nahrung ist besonders hochwertig, und sie läßt sich dem üblichen Körnerfutter beimengen. Wenn die Vögel diese Aufbaustoffe nicht brauchen, nehmen sie es auch kaum zu sich.

Neben den Leckereien, die die Natur bietet, sind die Regale im Handel mit weiteren »Delikatessen« üppig gefüllt. Die Kolbenhirse, die es dort gibt, können Sie auch in Ihrem Garten anbauen. Ihre Körner bilden die Grundlage für so raffinierte Happen wie Herzchen, Ringe oder Stangen. Bei diesen kommt es allerdings weniger auf die Form, sondern auf den Gehalt an. Die Körner kleben durch eine Zucker- oder Honiglösung zusammen, die nicht nur zum Naschen einlädt, sondern auch den Schnabel im Training hält.

Das Angebot ist tatsächlich reichhaltiger, als das Wellensittichherz es begehrt. Wenn Sie Ihrem Freund nur das Allerbeste gönnen wollen, spüren Sie das schon in der Haushaltskasse. Aber trennen Sie immer den Futternapf von Ihrem Teller: menschliche Nahrung ist Gift für die kleinen Tiere. Auch wenn Sie ihn damit verwöhnen wollen, es tut ihm bestimmt nicht gut.

Gefahren für den Wellensittich

Das Leben eines Vogels in der Wohnung kann durchaus gefährlich sein. Außerhalb seines Käfigs bewegt er sich in einer Umgebung, die nicht nach seinen Bedürfnissen, sondern nach denen der Menschen eingerichtet ist. Doch die Gefahren beginnen schon im Käfig, auch wenn sie manchmal von außen hereingetragen werden.

Wenn der Käfig an einem ungeeigneten Ort im Zimmer steht, kann er für den kleinen Vogel zur Hölle werden. Stundenlange Sonnenbestrahlung führt zum Hitzschlag, wenn es keine Möglichkeit des Entkommens in Form eines schattigen Eckchens gibt. Zugluft, auch wenn ihr der Vogel nur kurze Zeit ausgesetzt ist, beeinträchtigt ebenfalls die Funktion des empfindlichen Organismus. Bindehautentzündung, Erkältung und im schlimmsten Fall auch eine Lungenentzündung können die Folge sein.

Die durch starkes Rauchen verpestete Luft bekommt ihm genausowenig: Die Bindehäute entzünden sich, die Lungen werden geschwächt. Viel Nikotin in der Luft kann ihn sogar töten.

Auch ein Standplatz in der Küche kann höchst ungesund sein. Dann nämlich, wenn der Bauer in der Nähe des Herdes steht, so daß heiße Ausdünstungen beim Kochen oder Braten die Frischluftzufuhr unterbinden. Der Wellensittich bekommt Atemnot und kann an den Dünsten sogar ersticken.

Ein freies Fenster kann lebensgefährlich sein

Wenn der Vogel aus seinem Bauer heraus darf und im Zimmer umherfliegt, besteht die für ihn größte Gefahr natürlich im Entfliegen. Sobald er aus einem Fensterspalt herausgehuscht ist, werden Sie ihn wahrscheinlich nicht mehr wiedersehen. Die neue, ungewohnte Umgebung wird ihn so erschrecken, daß er instinktiv reagiert und sofort flüchtet. Bis er sich wieder beruhigt hat, ist er bereits zu weit entfernt, um zurückfinden zu können. Das Leben in der Freiheit wird er nicht überstehen. Auch wenn er genügend Nahrung findet, besitzt er keine natürliche Schutzreaktion gegen Feinde, die er aus seiner australischen Heimat nicht kennt.
Dieses schnelle Auffliegen im Schrecken kann ihm aber auch in der Wohnung zum Verhängnis werden. Auch wenn es so scheint, daß er sich bereits an ein nicht verhangenes Fenster gewöhnt hat und die Scheibe als Raumbegrenzung anerkennt – in einer Panikreaktion wird er zum Licht fliegen und stößt gegen das Glas. Dabei kann er sich eine Gehirnerschütterung zuziehen, den Schnabel oder auch das Genick brechen.
Eine weitere Gefahrenquelle stellen alle Öffnungen dar, in die der Vogel hineinrutschen kann. Oft kommt er dort nicht wieder heraus, sei es wegen des eingefüllten Wassers oder weil der Raum so beengt ist, daß er nicht wieder herausflattern kann.

Gefährliche Küche

Am gefährlichsten lebt Ihr Stubengenosse in der Küche. Neugierde treibt ihn an den Rand von Töpfen oder Schüsseln. Dort rutscht er leicht ab. Ist der Inhalt heiß und flüssig, besteht die Gefahr des Ertrinkens oder Verbrühens. Aus Bechern, Gläsern und Krügen, auch wenn sie leer sind, kann er sich nicht befreien, wenn sie so eng sind, daß er die Schwingen nicht mehr bewegen kann.
Eine regelrechte Falle stellen Badewannen, Waschbecken und Eimer dar. Wenn dort eine Schaumschicht das Wasser bedeckt, glaubt der Vogel eine feste Fläche vor sich zu haben, auf der er landen kann – was er dann auch nichtsahnend tut. Bemerken Sie nicht rechtzeitig sein verzweifeltes Flügelschlagen, entdecken Sie ihn hinterher nicht einmal unter der Schaumschicht.

Die kleinen »Fallen« in der Wohnung

Gerade in der ersten Zeit ist ein wachsames Auge erforderlich, wenn der Vogel Zimmer oder Wohnung erkundet. Dabei werden Sie bald Gefahrenquellen entdecken, denen er durch Neugier ausgeliefert ist. Wenn Sie ihm dabei in Gedanken immer einen Schritt voraus sind, sehen Sie schon den Spalt zwischen den Möbeln, in den er gleich fallen wird, die Lücke hinter den Büchern im Regal, in die er zu rutschen droht, oder die offene Schublade, die ihn so sehr interessiert. Die kann er zwar erkunden, ohne daß ihm etwas zustößt, doch wenn sie geschlossen wird, bevor der Vogel in seinen Bauer zurückgekehrt ist, übersieht man ihn leicht und er wird eingeschlossen. Zahlreiche Stubenvögel sind schon in gedankenlos geschlossenen Schränken oder Schubläden verhungert.

Ein regelmäßiger Kontrollblick verhindert auch, daß der Vogel beim Hinsetzen oder Türschließen zuerquetscht wird. Auch merken Sie so rechtzeitig, wenn er mit seinem Schnabel etwas anknabbert, das für ihn schädliche oder gar tödliche Folgen haben kann. Von der Gefährlichkeit eines Stromkabels ahnt er natürlich nichts, wenn er es annagt, ebensowenig von der Giftigkeit einer Blei- oder Filzstiftmine. Beides kann zum Tod führen, ebenso wie Quecksilber, Rost, Grünspan, Pflanzenschutzmittel und kleine Kunststoffpartikel, die sich von Gegenständen oft leicht lösen lassen. Auch von Kaffee- oder Alkoholresten, Pfeffer und anderen scharfen Gewürzen und Blumen, wie Narzissen oder Primeln, sollten Sie ihn fernhalten. Chemische Produkte wie Pflanzenschutzmittel dürfen im Vogelzimmer nicht versprüht werden, Pflanzen, die chemisch behandelt wurden, müssen draußen bleiben.

Lange Fäden, wie sie beim Stricken oder Häkeln im Zimmer herumliegen, werden Ihren Wellensittich ebenfalls interessieren. Wenn er damit spielt, kann er sich darin jedoch leicht mit den Füßen oder den Flügeln verheddern. Dies kann auch bei Gardinen passieren. Wenn seine Zehen sich darin verfangen, kann er sich möglicherweise nicht mehr befreien. Nachdem er dann mit aller Kraft versucht hat davonzufliegen, ist er so erschöpft, daß er

Die Gardine – eine tödliche Falle

kraftlos mit dem Köpfchen nach unten hängt. Auch das führt zum Tod.

Hitzequellen, wie Herdplatten, Öfen, Bügeleisen oder gar eine offene Flamme, wie bei brennenden Kerzen, können ebenfalls lebensgefährlich sein, wenn Ihr Wellensittich ihnen zu nahe kommt und sich verbrennt.

Die meisten aller genannten Gefahren lassen sich aber vermeiden, wenn Sie den Vogel während seines Freiflugs nicht aus den Augen verlieren. Sonst wird ihm seine Neugierde leicht zum Verhängnis, auch wenn sie ansonsten einen großen Teil des Spaßes, den Sie mit ihm haben werden, ausmacht.

Krankheiten rechtzeitig erkennen

Es ist kein besonders fachkundiges Auge nötig, um einen gesunden Wellensittich von einem kranken unterscheiden zu können. Wenn ihm etwas fehlt, werden Sie es bald merken. Er erscheint lustlos, hockt apathisch in einer Ecke oder auf der Stange. Selbst mit seinem Lieblingsfutter können Sie ihn kaum noch locken, zu den gewohnten Spielstunden hat er keine sonderliche Lust, er mag kaum noch im Zimmer herumfliegen und läßt sein munteres Zwitschern vermissen. Wenn es ihm ganz schlecht geht, steckt er sein Köpfchen unter das Gefieder, als wolle er schlafen. Doch er sitzt auf beiden Beinen, während gesunde Vögel ein Bein zum Schlafen hochziehen.
Ruhe und Wärme sind dann am wichtigsten für ihn. Teilt er normalerweise seinen Bauer mit einem Artgenossen, so ist es für ihn jetzt besser, einige Tage allein zu verbringen. Zum Tierarzt müssen Sie in den meisten Fällen nicht mit ihm.
Viele Krankheiten entstehen durch falsche Nahrung oder ungesunde Luftzufuhr. Bei guter Pflege und dem Abstellen der Ursache hat er sich nach 1–2 Tagen meist erholt. Tritt keine Besserung ein, muß natürlich der Tierarzt aufgesucht werden.

Wenn der Wellensittich sehr ruhig ist und sich so zurückzieht, geht es ihm schlecht

Atemwege

Schnupfen

Auch ein Wellensittich kann sich sehr leicht erkälten. Schon ein kurzer Moment Zugluft oder größere Temperaturschwankungen können einen *Schnupfen* verursachen, der zumeist von *Durchfall* begleitet wird. Wärme durch Heizung oder Infrarotlampe helfen bei leichteren Erkältungen weiter, und schwarzer Tee stärkt den Kreislauf.

Lungenentzündung

Wenn der Vogel sich zu einem Federbällchen aufplustert, angestrengt nach Luft japst und gelblichen Schleim aus Schnabel und Nasenlöchern absondert, hat er vermutlich eine *Lungenentzündung*. Die tritt allerdings nicht so häufig auf, jedoch mit erhöhter Wahrscheinlichkeit dann, wenn der Vogel schon krank ist und kaum noch Abwehrkräfte zur Verfügung hat.

Die Infrarotlampe leistet bei vielen Erkrankungen gute Hilfe

Katarrh

Muß der Vogel wiederholt niesen und hält den Schnabel geöffnet, um besser atmen zu können, liegt vermutlich ein *Katarrh der Luftwege* vor. Dann sind seine Nasenhöhlen verstopft. Er nickt nach dem Niesen mit dem Köpfchen und schleudert so den gelblichen Schleim fort. In beiden Fällen können Wärme und Tee nur eine erste Maßnahme bis zum nötigen Besuch beim Tierarzt sein. Der Arzt kann auch feststellen, ob eine *Bakterieninfektion* die Erkältung verursacht hat.

Augen

Gerötete und angeschwollene Bindehäute sind auf eine Reizung der Augen durch Zugluft oder zu starkes Rauchen zurückzuführen. Aber auch im Käfig aufgehängte sogenannte »Fliegenkiller«-Streifen können die Reizung verursachen.
Linderung schafft ein vorsichtiges Auswaschen der Augen und Abstellen der Ursache. Wenn die Entzündung nach 2 Tagen nicht abgeklungen ist, handelt es sich um eine infektiöse Erkrankung. Da hilft nur noch der Gang zum Tierarzt.

Federkleid

Französische Mauser

Zu den gefürchtetsten Krankheiten gehört die *Französische Mauser* oder *Rennerkrankheit.* Sie befällt allerdings nur junge Vögel, die im Alter von etwa 4 Wochen die Schwingen- und Schwanzfedern bereits ausgebildet haben. Die Jungen fallen aus dem Nistkasten, weil sie nicht fliegen können. Sie »rennen« nur noch auf dem Boden herum. Schuld daran ist die Kropfmilch der Wellensitticheltern, die nicht genügend der für den Federwuchs nötigen Stoffe enthält. Die Rennerkrankheit ist erblich bedingt. Betroffene Vögel sollten daher nicht zur Zucht verwendet werden.
den.
Die fehlenden Stoffe können nicht über die normale Nahrung ausgeglichen werden. Bei manchen »Rennern« wachsen die fehlenden Federpartien im Laufe einiger Monate nach, die meisten bleiben aber ihr Leben lang flugunfähig.

Normale Mauser

Wenn Ihr Vogel Federn verliert, hat das mit der Französischen Mauser wahrscheinlich nichts zu tun, zumal dann, wenn er über das entscheidende Alter bereits hinausgekommen ist. Der Austausch der Federn, die Mauser, ist völlig normal und notwendig. Sie bedeutet für den Vogel eine ziemliche Anstrengung, bei der der Stoffwechsel auf Hochtouren läuft. Nehmen Sie es Ihrem Wellensittich nicht übel, wenn er in diesen Wochen ruhiger ist als sonst oder auch das Singen einstellt.

Die Federn erneuern sich immer paarweise und immer in derselben Reihenfolge: zuerst sind die Brust- und Bauchfedern dran, dann die Rücken- und Oberschwanzdecken, anschließend die der Flügel und zum Schluß das Nacken- und Kopfgefieder. Dieser Vorgang dauert etwa 6 Wochen in denen der Vogel flugfähig bleibt. Er braucht weiterhin seine tägliche Flugstunde, und auch am Bad wird er weiterhin Vergnügen finden. Die Temperatur des Zimmers sollte besonders während der Mauser keinen großen Schwankungen unterworfen sein.

Jetzt ist auch eine gute, ausgewogene Nahrung sehr wichtig; Verabreichen Sie Vitamine in Form von Obst, Salat und vorzugsweise geriebene Möhren.

Wenn Ihr Wellensittich in der Mauserzeit nicht aus dem Bauer will, lassen Sie ihm seine Ruhe. Sie können das Türchen geöffnet lassen, dann kann er selbst entscheiden, was er möchte.

Bei der *Stockmauser* dauert der Austausch der Federn deutlich länger als die üblichen 6 Wochen. Die Ursachen dafür können in mangelnder Bewegung, Beeinträchtigungen des Stoffwechsels oder in Fehlern in der Ernährung liegen.

Schreckmauser

Wenn er einen ganz besonders heftigen Schrecken bekommt, kann ein Wellensittich auch urplötzlich ein ganzes Büschel von Federn verlieren. Sowohl bei der *Stock-* als auch der *Schreckmauser* besteht die einzige Gegenmaßnahme in möglichst vollwertiger Nahrung. Neben Vitaminen sind auch Ei- und Kalkzusätze wichtig. Aufzuchtfutter enthält beides, doch sollte man sich damit

nicht begnügen. Gekeimte Körner stellen neben den oben genannten Zusätzen jetzt die beste Zusatznahrung dar.
Beginnt der Vogel, seine Federn selbst auszurupfen, so kann auch hier ein Mangel an bestimmten Nährstoffen die Ursache sein. Wahrscheinlicher ist jedoch, daß der Wellensittich einfach Langeweile hat oder sein Bruttrieb unbefriedigt ist. Auch zu trokkene Luft führt zum Rupfen. Seinen Bruttrieb wird er vergessen, wenn Sie sich jetzt mehr mit ihm beschäftigen, dann ist auch bald die Langeweile verflogen.
Sollte die Luft tatsächlich zu trocken sein, hilft ein Luftbefeuchter oder der Umzug in ein anderes Zimmer.

Füße

Entzündungen

Erkrankungen an den Füßen sind für den Wellensittich besonders lästig. Er kann sie kaum noch gebrauchen, weder zum Klettern noch zum Hüpfen oder Sitzen auf der Stange. Dann sitzt er meistens nur noch ruhig auf dem Bauch im Käfig, um die verschorften oder entzündeten Füße zu schonen.
Einfache *Entzündungen, Schwellungen* oder *Verschorfungen* entstehen meistens als Folge von mangelnder Hygiene im Bauer. Alter, nicht entfernter Kot, Reste verbrauchten Futters und alter Sand auf dem Boden des Bauers oder an den Sitzstangen sind die Ursache.
Der Schorf läßt sich mit einer abgekochten, lauwarmen Kamillenlösung aufweichen und ablösen, danach werden die Füße mit einer im Handel erhältlichen Salbe in kurzen Abständen ganz dünn eingerieben.
Natürlich muß spätestens jetzt die Hygiene des Bauers entscheidend verbessert werden. Eine gründliche Reinigung mit Bürste und heißem Wasser ist am besten. Auch die Sitzstangen und das Spielzeug brauchen eine Grundreinigung.

Kalkbeine

Wenn eine weiße Schicht die entzündeten Füße bedeckt, muß die Reinigung noch gründlicher ausfallen. Dann nämlich hat sich die *Räubemilbe* zwischen den Hornschildern an Füßen und Zehen festgesetzt. Die Milben bohren dort ständig, und das herabfallende Bohrmehl färbt die Füße zusammen mit den Ausscheidungen der Milben weiß. Das hat dieser Krankheit auch ihren Namen gegeben. Der Vogel hat dann *Kalkbeine*. Vor allem das Bohren zwischen den Hornschildern ruft starke Schmerzen und einen damit verbundenen Juckreiz hervor.
Kamillenlösung und Salbe helfen auch hier. Aber neben der Reinigung von Bauer und Sitzstangen mit heißem Wasser müssen die Enden der Sitzstangen mit Milbenspray desinfiziert werden.

Zu lange Krallen

Wenn die Krallen an den Zehen zu lang wachsen, liegt das an einem falschen Durchmesser der Sitz- und Kletterstangen, was eine natürliche Abnutzung der Krallen verhindert. Sie lassen sich jedoch problemlos mit einer scharfen Nagelschere nachschneiden. Dabei muß man darauf achten, daß die Blutkanäle in den Krallen nicht verletzt werden. Gegen das Licht gehalten, lassen sich die Kanäle jedoch deutlich erkennen. Die Enden dürfen jedoch nicht stumpf abgeschnitten werden, sondern müssen am Ende spitz zulaufen. Wenn Sie versehentlich die Kanäle anschneiden sollten, helfen blutstillende Watte und aufgetupfte Jodtinktur.

Krämpfe und Lähmungen

Neben der Papageienkrankheit kann auch akuter *Vitaminmangel* zu Krämpfen und Lähmungen führen. Bevor es soweit kommt, zeigen sich erste Erscheinungen in Form von Gleichgewichtsstörungen. Der Wellensittich kann nicht mehr auf seiner Stange sitzen, sondern hockt auf dem Boden. Wenn er geht, bewegt er sich dabei nur sehr unsicher. Mit dem Köpfchen vollführt er immer

Sind Sie unsicher, ob die Krallen wirklich zu lang sind und wie sie geschnitten werden müssen, gehen Sie lieber in die Zoohandlung und lassen sich beraten

Bei starken Krämpfen dreht sich der Kopf starr nach hinten

dieselbe Bewegung, bis er zum Schluß den Kopf krampfhaft nach hinten gebogen hält.
Bestrahlung würde hier nur schaden, kein direktes Licht darf den Käfig erreichen. Der Vogel braucht vorrangig Ruhe und Wärme. Aber der Gang zum Tierarzt ist unumgänglich, denn nur er kann feststellen, welche Vitamine Ihrem Wellensittich fehlen.

Kropf

Wenn der Wellensittich einen klebrigen Schleim hochwürgt, kommt dieser aus einem entzündeten Kropf. Durch heftige Bewegungen des Kopfes versucht er, den Schleim fortzuschleudern. Das gelingt ihm meistens nicht, statt dessen verklebt er nur das Kopfgefieder.
In der Regel handelt es sich dabei um eine Infektion, die mit einem in der Apotheke erhältlichen Breitband-Antibiotikum bekämpft werden kann, das der Tierarzt verschreibt.

Legenot

Weibchen, die zum erstenmal Junge erwarten, haben häufig Schwierigkeiten, das erste Ei abzulegen. Sie sitzen dann bewegungsunfähig mit aufgeplustertem Gefieder und hochgestelltem Bürzel auf dem Boden. Die Augen sind geschlossen. Sie können sich kaum bewegen und erreichen nur unter großer Anstrengung die Sitzstange. Die Kotbällchen müssen herausgepreßt werden.
Diese Anzeichen weisen darauf hin, daß das Weibchen das Ei nicht aus dem Eileiter pressen kann. Dafür gibt es verschiedene Ursachen: Bei zu jungen Weibchen ist die Kloake noch zu eng oder die Muskulatur zu schwach.
Enthält die Nahrung zu wenig Kalk und Mineralstoffe, bildet der Körper eine zu weiche Eischale, die den Muskeln keinen Widerstand entgegensetzt.

Das typische Verhalten bei Legenot

Wenn eindeutige Anzeichen von *Legenot* vorliegen, gilt es schnell zu handeln: Es besteht Lebensgefahr für das Weibchen. Aber Sie können Geburtshilfe leisten, indem Sie den geröteten und angeschwollenen Hinterleib mit handwarmem Olivenöl oder Lebertran in kreisenden Bewegungen leicht massieren. Etwas Öl muß auch in die Kloake einmassiert oder mit einer Pipette eingeführt werden.

Danach braucht das Weibchen Wärme und Feuchtigkeit. Am einfachsten geht das, wenn Sie einige Tücher in heißes Wasser legen, auswringen und über das Bauer legen. Achten Sie dabei aber darauf, daß die Frischluftzufuhr in den Käfig nicht völlig unterbunden wird. Das Weibchen würde sonst an der heißen Luft erstikken. Zusätzliche Wärme liefert eine Infrarotlampe oder ein Platz in Heizungsnähe. Sie können das Weibchen aber auch direkt in die feuchtwarmen Tücher wickeln. Normalerweise kommt das Ei nach einer solchen Behandlung in Minutenschnelle. Wenn sich nach einer guten Stunde immer noch kein Erfolg zeigt, sollten Sie dringend einen Tierarzt aufsuchen, der das Weibchen dann gezielt behandelt.

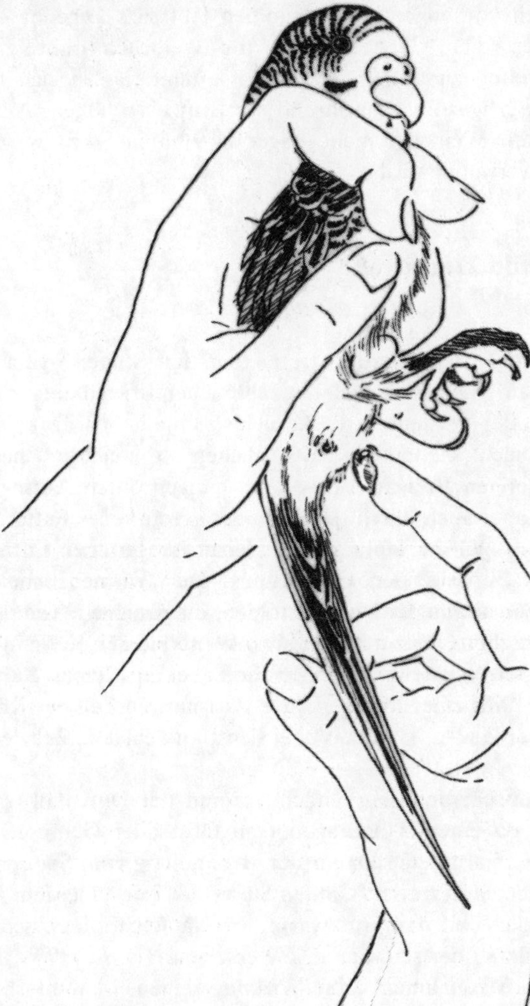

Das Öl wird sanft einmassiert

Auch durch vorbeugende Maßnahmen läßt sich Legenot nicht ausschließen. Die Chancen, daß Ihr Weibchen ohne große Schwierigkeiten zu seinem ersten Ei kommt, lassen sich aber durch vollwertiges Futter während der Brutzeit erhöhen. Außerdem sollte ein Weibchen nicht jünger als 9 Monate sein, wenn es zur Zucht verwandt wird.

Magen- und Darmtrakt

Durchfall

Durchfallartige Beschwerden treten bei den Stubenvögeln am häufigsten auf. Sie gehen auch mit zahlreichen Erkrankungen einher, die mit der Verdauung direkt nichts zu tun haben. Der Vogel setzt dann nicht mehr kleine Kotbällchen ab, sondern scheidet einen wässerigen Brei aus. Das kann einfach durch Aufregung entstehen, aber auch durch falsches oder verdorbenes Futter.

Eine längere Wärmezufuhr durch Heizungsnähe oder Infrarotbestrahlung beruhigt den Organismus. Die Wärmebehandlung sollte am Tag und in der Nacht erfolgen, die geeignete Temperatur liegt zwischen 30° und 35° Celsius. Wenn Sie den Käfig in die Nähe der Heizung stellen, bringen Sie dabei auch einen Luftbefeuchter an. Mit einer Infrarotlampe darf nur ein Teil des Käfigs bestrahlt werden, so daß der Vogel sich zum Schlaf zurückziehen kann.

Sind die Ausscheidungen grünlich, stammt der Durchfall wahrscheinlich von einem Überangebot an Obst oder Gemüse, das dann erst einmal für die Dauer der Behandlung vom Speiseplan verschwindet. Statt dessen können Sie etwas Tierkohle dem Futter beimengen und das Trinkwasser im Näpfchen durch schwachen Kamillen- oder schwarzen Tee ersetzen.

Wenn diese Maßnahmen keine Wirkung zeigen, ist wahrscheinlich eine *bakterielle Infektion* die Ursache, die recht schwerwiegende Auswirkungen haben kann. Dann wird es Zeit für den Weg zum Tierarzt, der den Patienten mit einem geeigneten Antibiotikum behandeln wird.

Verstopfung

Hat der Vogel Schwierigkeiten beim Kotabsetzen, liegt die umgekehrte Erscheinung vor: *Verstopfung*. Er bewegt dann beim Ausscheiden den Hinterkörper hin und her. Mehr treibende Nahrung auf dem Futterplan, wie Grünzeug und Obst, wirken dem entgegen, ebenfalls gekeimte Körner, die besonders leicht verdaulich sind. Abhilfe schafft zusätzlich ein Tropfen Rizinus- oder Olivenöl, das mit einer Pipette von der Seite her auf die Zunge geträufelt wird.

Sowohl bei Verstopfung als auch bei länger anhaltendem *Durchfall,* der nicht von Aufregung herrührt, sollte der Futterplan auch nach der Genesung geändert werden: mehr Obst und Salat bei Verstopfung, bei Durchfall weniger.

Milbenbefall

Rote Vogelmilbe

Ausgesprochen heimtückisch ist die *Rote Vogelmilbe*. Sie saugt dem Vogel in der Nacht Blut ab, und tagsüber versteckt sie sich in Spalten und Ritzen. Befallene Vögel werden nachts, wenn die Milbe arbeitet, auffallend unruhig und kratzen sich oft. Sie verlieren schnell große Blutmengen, vor allem junge Vögel können dadurch leicht an Blutarmut sterben. Wenn Ihr Wellensittich die oben genannten Symptome zeigt, können Sie feststellen, ob er von der Roten Vogelmilbe befallen ist, indem Sie über Nacht den Bauer mit einem hellen Laken abdecken. Am nächsten Morgen zeigen sich auf diesem die Milben als kleine rote Punkte, die nicht einmal 1 mm groß sind.

Um das Ungeziefer zu vernichten, müssen Sie den Käfig und auch den Vogel selbst mehrmals mit Milbenspray desinfizieren. Das Einsprühen des Vogels ist unerläßlich, da die Milbe ihre Eier unter den Flügeln ablegt und diese sonst nicht mitvernichtet werden.

Achten Sie beim Sprühen aber darauf, daß das Köpfchen nichts mitbekommt, am besten decken Sie es ab.

Schilddrüse

Die Schilddrüsenvergrößerung war früher eine ziemlich gefürchtete Krankheit. Zum einen, weil man ihre Ursachen nicht kannte, zum anderen, weil sie in ihrem Anfangsstadium nicht zu erkennen ist. Die Schilddrüse wuchert meistens nach innen, während außen nichts zu sehen ist.
Der Vogel bekommt zusehends schlechter Luft. Zunächst nur beim Fliegen, im fortgeschrittenen Stadium ringt er fortwährend nach Luft und hängt den Schnabel in die Gitterstäbe des Bauers ein, um besser atmen zu können. Das Futter bricht er wieder aus und magert immer mehr ab. Die Wucherung der Schilddrüse drückt auf die *Luftröhre* und auf den *Kropf.* Wenn der überladen ist, führt das zur *Entzündung* und damit zum *Erbrechen:* der Vogel bekommt weder Nahrung noch Luft.
Inzwischen kennt man die Ursache: Der Organismus braucht eine regelmäßige *Jodzufuhr.* Daran kann es vor allem in Gegenden mit jodarmem Wasser mangeln. Aber inzwischen fügen die meisten Hersteller ihrem Futter Jodkörnchen bei.
Abhilfe schafft in noch nicht fortgeschrittenen Fällen eine Umstellung auf jodhaltiges Futter, in schweren Fällen braucht der Wellensittich eine zusätzliche Jodration. Sie läßt sich selbst herstellen aus 9 Teilen Paraffinöl und 1 Teil Jodglyzerin, das wiederum aus 1 Teil Jodtinktur und 4 Teilen Glyzerin zusammengesetzt ist. Im Abstand von 3 Tagen werden einige Tropfen Jodglyzerin seitlich in den Schnabel geträufelt.

Schnabel

Sittichräude (Schnabelschwamm)

Wenn sich ein gräulicher Überzug auf dem Schnabel bildet, liegt ein *Milbenbefall* vor. Besonders Wellensittichweibchen sind anfällig für die *Schnabelräude,* die sich, von den Winkeln des Schnabels ausgehend, über die Augen ausbreitet, das ganze Gesicht überziehen und sich auf Beine und Kloakengegend ausweiten kann. Im fortgeschrittenen Stadium bilden sich schwammähnliche Wucherungen, die zu Deformationen des Schnabels führen. Eine gründliche Reinigung des Bauers mit heißem Wasser und Milbenspray ist erforderlich, dem Tier kann jedoch nur eine tierärztliche Behandlung helfen.

Zu langer Schnabel

Wie die Krallen an den Zehen nutzt sich auch der Schnabel bei Stubenvögeln nicht immer in natürlichem Ausmaß ab. Vor allem der Oberschnabel wächst dann übermäßig nach und behindert den Vogel beim Knabbern und bei der Nahrungsaufnahme.
Auch hier können Sie mit einer scharfen Nagelschere nachhelfen und den Oberschnabel auf ein natürliches Maß zurückschneiden. Dabei dürfen die im Schnabel verlaufenden Blutkanäle nicht verletzt werden. Gegen eine helle Lichtquelle gehalten, können Sie aber den Verlauf der Kanäle im Schnabel sehen und so beim Nachschneiden Verletzungen vermeiden. Wenn Sie Ihrem Wellensittich aber Zweige und Äste als Kletterstangen gegeben haben und er dieses Angebot auch nutzt, kann der Schnabel normalerweise nicht zu lang wachsen.

Verfettungserscheinungen

Da geht es den Vögeln wie uns Menschen: Zu gutes Essen und zuwenig Bewegung lassen *Fettpolster* entstehen. Bei dem geringen Gewicht des Vogels machen sich ganz wenige Gramm Fett natürlich viel deutlicher bemerkbar: Er kann sich dann kaum noch bewegen, seine Sitzstangen nur unter Anstrengungen erreichen und atmet schwer. Wenn Sie das Gefieder an der Brust oder am Bauch vorsichtig auseinanderblasen, so sehen Sie die Fettschicht gelblich durch die Haut schimmern.
Nun wird es Zeit für mehr Bewegung und eine kleine Diät. Die sollte nicht radikal sein. Aber von den Eiweiß und Fett liefernden Körnern braucht er jetzt nicht mehr soviel, dafür aber mehr Grünfutter und Obst. Das alleine reicht aber noch nicht. Bringen

Sie die Sitzstangen im Käfig so an, daß er sich mehr anstrengen muß, um sie zu erreichen. Wenn er jetzt noch öfter Gelegenheit bekommt, im Zimmer herumzufliegen, und Sie sich mehr mit ihm beschäftigen, wird er die überflüssigen Gramme bald verloren haben.

Schwieriger wird die Sache, wenn sich eine Fettgeschwulst am Bauch gebildet hat. Die *Lipom* genannte Geschwulst bildet sich, wenn die Sitzstangen immer an der gleichen Stelle gegen den Vogelbauch drücken, und läßt sich nur operativ entfernen. Der Eingriff ist eine Kleinigkeit. Bleibt das Lipom jedoch, wächst es weiter und behindert den Vogel immer mehr.

Wenn Sie den Käfig Ihres Wellensittichs von Anfang an mit natürlich gewachsenen, also leicht gekrümmten Ästen an Stelle der üblichen Stangen ausstatten, kann sich eine solche Geschwulst erst gar nicht ausbilden.

Verletzungen

Wunden

An spitzen Gegenständen kann der Vogel sich so verletzen, daß ihn auch das Federkleid nicht schützt und die Haut verletzt wird. Das führt zu *blutenden Wunden,* die schnell verschorfen. Wenn Sie mehrere Vögel in einem Bauer haben, sollten Sie das Verhalten der Vögel untereinander beobachten. Betrachten sich zwei Vögel als Rivalen, so kann es zwischen ihnen zu ziemlich heftigen Auseinandersetzungen und in der Folge zu blutigen Wunden kommen.

Ist die Wunde nicht so tief, brauchen Sie sie nur mit abgekochtem, lauwarmem Kamillentee auszuwaschen. Sie verheilt dann schnell. Bei tieferen Wunden empfiehlt sich zusätzlich eine Behandlung durch den Tierarzt.

Brüche

Der Besuch beim Tierarzt ist auch unvermeidlich, wenn der Vogel einen Flügel oder ein Beinchen gebrochen hat. Das kann

Die nicht zu fest geschnürte Körperbinde ist nur die erste Hilfsmaßnahme

schon einmal passieren, wenn er irgendwo hängengeblieben oder gegen etwas Hartes geprallt ist.

Als Sofortmaßnahme können Sie nur mit einer gutsitzenden Binde das gebrochene Glied ruhigstellen und das Bauer so auspolstern, daß ihm beim Transport nicht zusätzliche Schmerzen entstehen.

Viruserkrankungen

Psittakose

Besonders gefährlich ist die *Papageienkrankheit* (Psittakose), die heute aber sehr selten geworden ist. Der Virus überträgt sich auch auf den Menschen. Darum ist es Pflicht, den Tierarzt aufzusuchen und die Krankheit der örtlichen Polizei zu melden, sobald ein Vogel Psittakose hat.
Die Krankheit scheint zunächst harmlos und unterscheidet sich im Anfangsstadium nicht von einer normalen Erkältung: Der Vogel zeigt sich ausgesprochen matt, hat Durchfall und ringt fiepsend nach Luft, bis sein kleiner Körper von Krämpfen geschüttelt wird und Lähmungserscheinungen zeigt.

Wenn Ihr Wellensittich »Guten Morgen« krächzt

Ein Wellensittich, der die ersten Worte nachspricht, macht seinem Halter damit das schönste Kompliment. Fühlt er sich nämlich nicht wohl in seiner häuslichen Umgebung, kommt er über das Zwitschern nicht hinaus.
Wenn er zu sprechen beginnt, zeigt das, daß er den Menschen als seinen sozialen Partner akzeptiert hat. Während er sich mit den Artgenossen in seiner »Sprache« unterhalten kann, muß er sich jetzt auf die des Menschen einstellen. Das tut er gerne, denn als sozial lebender Vogel braucht er Kontakt.
Der Wellensittich ist relativ intelligent und lernt schnell. So intelligent, daß er sagen kann, was er will, ist er natürlich nicht. Wenn er sich wohl fühlt, spielen will oder sich gestreßt fühlt, teilt er das durch seine Körpersprache mit, denken kann er nicht.
Gleich welche Wörter er aufgepickt hat, er versteht sie nicht, kann keinen Inhalt damit verbinden, nur Situationen. Wenn Sie beim Türenknallen immer wieder »Mist« sagen oder beim Klingeln des Telefons Ihren Namen, merkt er sich das und sagt es bald auch. Das tut er natürlich nicht immer, er wird es auch, wenn er alleine vor sich hin schwätzt, ganz ohne den entsprechenden Zusammenhang daherkrächzen.
Die besten Chancen, daß Sie Ihrem gefiederten Freund das Sprechen beibringen, haben Sie dann, wenn er sich schon ganz früh an

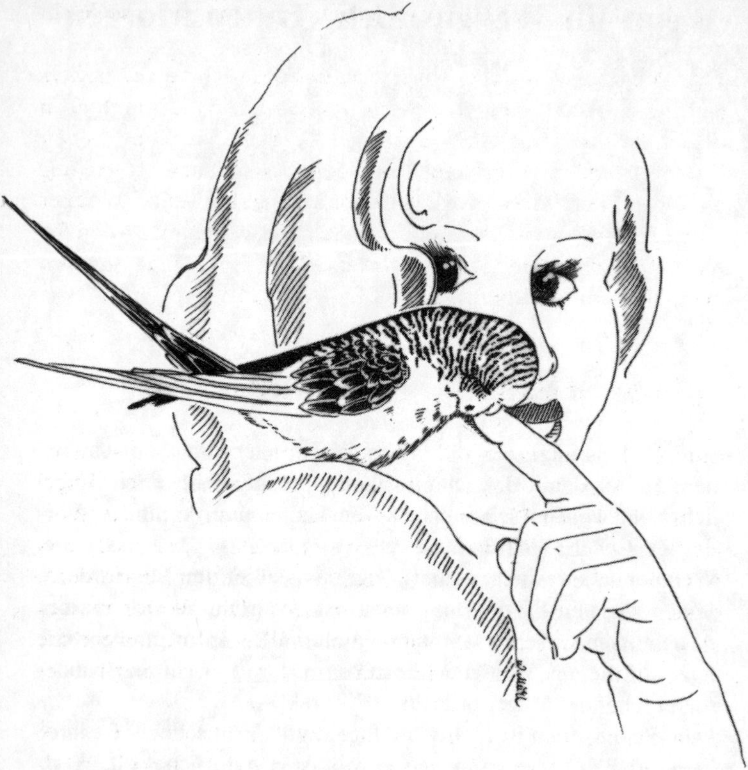

Genügend Aufmerksamkeit ist der erste Schritt zum Sprachunterricht

Menschen gewöhnt hat. Im Alter von etwa 4 Wochen verläßt er den elterlichen Nistkasten. Kommt er dann in menschliche Obhut, sind die besten Voraussetzungen für ein vertrautes Verhältnis geschaffen.

Erst wenn dieses Vertrauen hergestellt ist, können Sie mit dem eigentlichen Sprechunterricht beginnen. Dafür muß es ruhig und der Vogel aufnahmebereit sein. Der späte Nachmittag oder die frühen Dämmerstunden eignen sich am besten. Sie können auch ein wenig nachhelfen, indem Sie das Zimmer leicht abdunkeln.

Das hat den Vorzug, daß der Vogel sich dann nicht so leicht ablenken läßt.
Die Sprechstunden sollten auch nicht durch das Gitter des Bauers stattfinden. Ihr Wellensittich lernt zu den Zeiten am besten, in denen Sie sich auf ihn und er sich auf Sie einstellen kann. In den Dämmerstunden oder wenn eine ruhige Umgebung Ablenkung auf ein geringes Maß reduziert. Besonders gut hört er zu, wenn er einen Platz auf dem Finger oder der Schulter bekommt. Wenn Sie dazu auch noch sein Gefieder zart kraulen, wo er es am liebsten mag, können Sie sicher sein, daß er »ganz Ohr« ist.

Wenige und leichte Wörter am Anfang

Für den Beginn eignen sich am besten kurze, einprägsame Wörter mit möglichst vielen Selbstlauten: Halter, die ihren Vogel Hansi, Bubi oder Pit nennen, wissen schon warum: Solche Wörter bereiten ihm die wenigsten Schwierigkeiten. Zwei oder drei Wörter reichen für den Anfang aus. Wenn Sie ihn überfordern, sinken die Erfolgsaussichten ganz spürbar. Die Wörter müssen oft wiederholt werden. Es unterstützt den Lernprozeß, wenn Sie auch außerhalb der Unterrichtsstunden ihm diese immer wieder vorsprechen.
Bis ein erster Erfolg sich einstellt, vergehen oft Wochen, wenn nicht Monate. Verlieren Sie also nicht die Geduld, wenn Ihr Wellensittich Ihnen zwar aufmerksam lauscht, aber keinen Ton von sich gibt. Auch wenn Sie bei seinen ersten Wörtern nur mit viel Phantasie erraten können, was er sagen will, heißt das nicht, daß er sprechunfähig wäre. Dann hilft nur weiteres Üben.
Geduld ist das oberste Gebot. Halter, die sich beklagen, ihr Wellensittich habe nie das Sprechen gelernt, haben sich das meist selbst und ihrer Ungeduld zuzuschreiben. Denn der Vogel registriert jeden Unterton. So kann er sich auch am besten die Wörter merken, die Sie ihm besonders gefühlvoll vorsagen.
Dennoch kann es im ungünstigsten Fall über ein halbes Jahr dauern, bis Ihre Mühe belohnt wird. Vielleicht überrascht Ihr Wel-

lensittich Sie dafür dann mit einem ganzen Repertoire von Wörtern oder sogar Sätzen, von denen sie schon längst geglaubt haben, daß er sie nicht mehr lernen würde, oder mit solchen, die Sie ihm nie vorgesprochen haben.
Viele Wellensittiche lernen in ihrem Vogelleben das Sprechen nie. Dabei läßt sich nicht einmal sagen, ob das am Geschlecht liegt – auch wenn immer wieder zu lesen ist, daß Männchen begabter seien. Aber auch Vögel, die nie ein Wort hervorbringen, können vielfach wenigstens Geräusche imitieren oder kurze Melodien pfeifen.

Alles über den Nachwuchs

Die wilden australischen Wellensittiche müssen manchmal unter ziemlich harten Bedingungen leben. In Trockenperioden finden sie monatelang kein Wasser, und die lediglich mit Stachelschweingras bewachsene Halbwüste bietet ihnen gerade die zum Überleben erforderliche Nahrung.
Wenn aber die Regenperiode einsetzt und ein Schwarm einen Eukalyptushain findet, verlieren die Vögel keine Zeit: Sie beginnen unverzüglich mit den Brutvorbereitungen.
Die Weibchen suchen sich eine Höhle in einem der Bäume, die bis zum letzten Wurzelstock genutzt werden. Mit ihrem Schnabel bearbeiten sie das Einstiegsloch, durch das später das Männchen sein Futter aus dem Kropf an Weibchen und Junge liefert.
Die Brutperioden dauern so lange, wie die Bedingungen günstig sind. Das heißt, daß sie sich nach der ersten Brut nicht zur Ruhe setzen, sondern oft noch eine 2. oder 3. folgt, bis die einsetzende Trockenperiode Wasser und Futter versiegen läßt. Dann zieht der Schwarm mit den Jungen weiter, die schon nach einem guten Monat voll flugfähig sind.

Die Vorbereitungen

Entsprechend bringt auch den zahmen Wellensittich eine passende Unterkunft und hochwertige Nahrung in Brutstimmung. Wenn Sie sich für Ihre Vögel Nachwuchs wünschen, brauchen Sie nur einen Nistkasten in den Bauer zu hängen und eventuell auch gekeimte Körner zu verfüttern.
Zunächst nehmen die Vögel den fremden Gegenstand in ihrer Unterkunft nicht wahr, er ist ihnen noch fremd. Doch schon nach kurzer Zeit wagen sie sich heran. Das Weibchen schlüpft durch das Einstiegsloch, manchmal darf das Männchen auch mit. Dann begutachten sie den Kasten von innen und begleiten ihre Untersuchung mit einem fröhlichen Zwitschern.
Wenn das Weibchen die neue Unterkunft für geeignet hält, können Sie seine Zustimmung bald daran ablesen, daß es das Einstiegsloch mit seinem Schnabel von innen bearbeitet. Eine Polsterung braucht es nicht, die beim Nagen abfallenden Späne reichen völlig aus: der Boden in den Höhlen der Eukalyptusbäume ist auch nicht weicher. Diese Nistkästen gibt es im Fachhandel zu kaufen; mit ein wenig Geschick können Sie einen solchen auch selbst aus Holz bauen. Die Länge sollte etwa 25 cm betragen, Höhe und Breite ungefähr 15 cm. Das Einstiegsloch gehört an die Frontseite, es sollte im Durchmesser zwischen 4 und 5 cm groß sein.
Eine unter dem Loch angebrachte Stange erleichtert den Vögeln das Landen beim Anflug. Außerdem wird sie später wichtig, wenn das Männchen seine Partnerin füttert. Die Nistmulde am Boden sollte nicht unter dem Einstieg liegen, sondern in der abgedeckten Seite. So ist das Weibchen beim Brüten ungestört und fühlt sich sicher.
Der Deckel läßt sich mit Scharnieren befestigen. Damit haben Sie später die Möglichkeit, in Abwesenheit des Weibchens das Gelege und die Nestjungen zu überprüfen. Aber so interessant dieser Blick auch sein mag, geben Sie der Versuchung nicht zu oft nach. Das Weibchen braucht während der Brut seine Ruhe, die sollten Sie nicht öfter als einmal täglich stören.

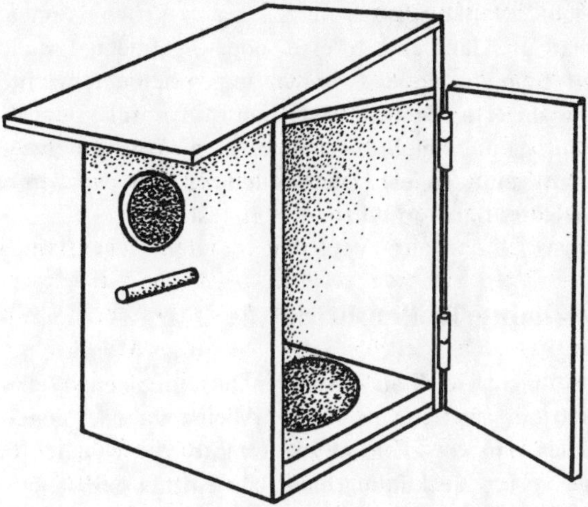

Ohne Nistkasten gibt es keinen Nachwuchs

Der Fachhandel bietet Kästen aus Kunststoff und Holz im Quer- und Längsformat an. Holz als natürliches Baumaterial ist vorzuziehen, auch im Hinblick darauf, daß das Weibchen ohnehin daran nagen wird.
Die gekauften Kästchen sind mit Sicherheit bereits desinfiziert; wenn Sie selbst einen bauen, müssen Sie ihn ebenfalls mit Desinfektionsmittel einsprühen. Eine Lackierung ist nur schädlich.
Haben Sie sich für Wellensittich-Nachwuchs entschieden, sind Sie nach geltendem Recht Züchter oder Züchterin. Damit haben Sie auch Pflichten. Sobald die Jungen geschlüpft sind, müssen Sie das der örtlichen Polizeibehörde melden. Außerdem müssen die Jungen, sobald sie flugfähig sind, beringt werden. Die Ringe erhalten Sie über den DWV (Deutscher Wellensittichzüchter-Verein) oder den DKB (Deutscher Kanarienzüchter-Bund, s. S. 115).
Die Zucht ist nicht nur reizvoll, sie bringt Ihnen auch eine große Verantwortung. Darum sollten Sie sich für diesen Schritt nur dann entscheiden, wenn Sie Zeit, Arbeit und Liebe in die Aufzucht stecken können. Am besten ist, wenn Sie sich bereits zuvor

erkundigen, wohin Sie die Jungen später geben können. Vielleicht hat ein Händler Interesse, oder Sie finden Freunde und Bekannte, die eines oder zwei der Jungen nehmen möchten.
Wenn Sie die Kleinen nicht weggeben wollen, reicht der Bauer in der Wohnung nicht mehr. Dann brauchen die Vögel eine größere Unterkunft, eine Voliere. Die können Sie auch draußen im Garten aufstellen, dazu sind die Vögel robust genug.

Der verliebte Wellensittich: die Balz

Man muß nicht gleich an Zucht denken, um einem Wellensittich einen Partner zur Seite zu geben. Alleingehaltene Vögel fühlen sich oft einsam, vor allem wenn sich ihre menschlichen Freunde nicht genug um sie kümmern. Solche einzeln gehaltenen Vögel verlieren die Lebensfreude und werden oft apathisch. Wer seinem Wellensittich nicht die Zuneigung und Fürsorge geben kann, die er braucht, sollte besser gleich ein Pärchen nehmen oder später einen zweiten Vogel hinzukaufen.
Das ändert das Leben des vereinsamten Vogels von Grund auf, wenn die beiden sich erst einmal aneinander gewöhnt haben: Spieltrieb, Neugierde und Lebensfreude können sich wieder voll entfalten. Für den Halter bedeutet Sauberhaltung und Fütterung nicht viel mehr Arbeit, dafür darf er sich jetzt an zwei munteren Vögeln freuen.
Wenn Männchen und Weibchen in einem Käfig zusammenleben, bildet sich bald eine ganz interessante Rangordnung aus. Sein Instinkt verbietet dem Männchen, das Weibchen anzugreifen, und hat sich das Weibchen einen Lieblingsplatz oder ein bevorzugtes Spielzeug ausgesucht, bleibt dem Männchen nichts anderes übrig, als das hinzunehmen. Sie können ihm über sein entbehrungsreiches Schicksal hinweghelfen, indem Sie jedes Spielzeug in doppelter Ausführung bereithalten. Aber es muß auch wirklich gleich sein, die beiden lassen sich da nichts vormachen.
Nicht nur das gemeinsame Spiel, auch die gegenseitige Gefiederpflege sind wichtige Bestandteile des Vogellebens zu zweit. Mei-

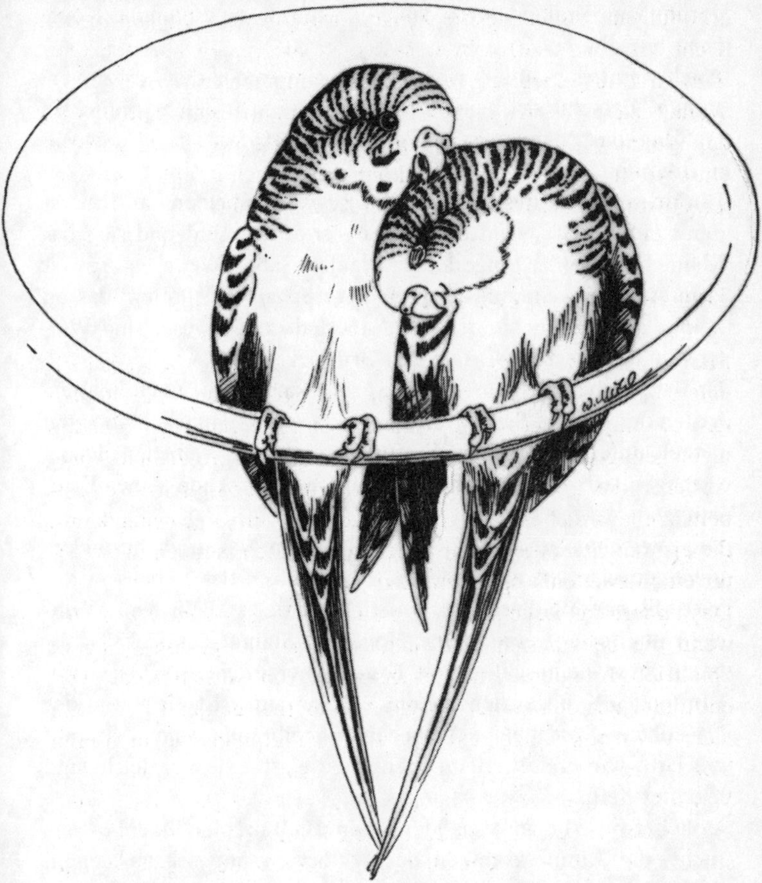

Gegenseitiges Kraulen ist nicht nur Gefiederpflege, sondern auch ein Teil der Balz

stens ist es das Männchen, das mit seinem Schnabel das Gefieder des Weibchens krault. Das läßt es sich aber nicht immer gefallen. Wenn es keine Lust hat, verscheucht es das Männchen ganz resolut. Andersherum folgt das Männchen jedoch willig der Auffor-

derung zum Kraulen durch das Weibchen, wenn es ihm das Köpfchen hinhält.
Auch wenn es gefüttert werden will, gibt es das deutlich zu verstehen. Es setzt sich nahe zu ihm und sieht in leicht geduckter Haltung das Männchen an, das dieser Aufforderung sogleich nachkommt.
Ein richtig vertrautes Verhältnis zwischen den beiden hat sich erst dann entwickelt, wenn die Rollen vertauscht sind und sich das Männchen sein Kopfgefieder kraulen läßt. Wenn es soweit kommt, dürfen Sie auf ein prächtiges Schauspiel hoffen, das an keine Jahreszeit gebunden ist: Außerhalb der Mauser sind Wellensittiche jederzeit zu Balz und Brut bereit.
Ist Ihr Pärchen in Brutstimmung, zeigt sich das deutlich im Verhalten der beiden: Sie füttern sich gegenseitig, und das Männchen tänzelt unter beständigem Kopfnicken um das Weibchen. Dabei verengen sich seine Pupillen als äußeres Anzeichen seiner Erregung.
Die Weibchen gehen in dieser Zeit ihrem Nagetrieb besonders ungehemmt nach, als vererbtes Überbleibsel des Lebens in der australischen Wildnis. Dort nämlich bleibt es allein dem Weibchen überlassen, eine kleine Höhle im Stamm des Eukalyptusbaumes für die anschließende Brutzeit herzurichten.
Ein letztes Kennzeichen für die Balzstimmung ist die Farbe der Nasenhaut. Die ist beim Weibchen dunkelbraun, wenn es sich auf die Brut vorbereitet. Beim Männchen glättet sie sich leicht und leuchtet tiefblau.
Üblicherweise beginnt das Männchen das Balzspiel, indem es versucht, die Aufmerksamkeit des Weibchens auf sich zu ziehen. Aufgeregt trippelt es auf der Sitzstange oder auf dem Boden vor dem Weibchen hin und her und zwitschert dabei. Mit allerlei drolligen Bewegungen zeigt es dem Weibchen, was es alles kann. Es verbeugt sich, attackiert mit seinem Schnabel das Spielzeug und die Käfigeinrichtung. Gehört zu dieser ein Glöckchen, schlägt es immer wieder dagegen und läßt dabei ein leicht glucksendes Geräusch hören. Schließlich wird es immer mutiger, nähert sich dem Weibchen und stupst es mit dem Schnabel an. Das

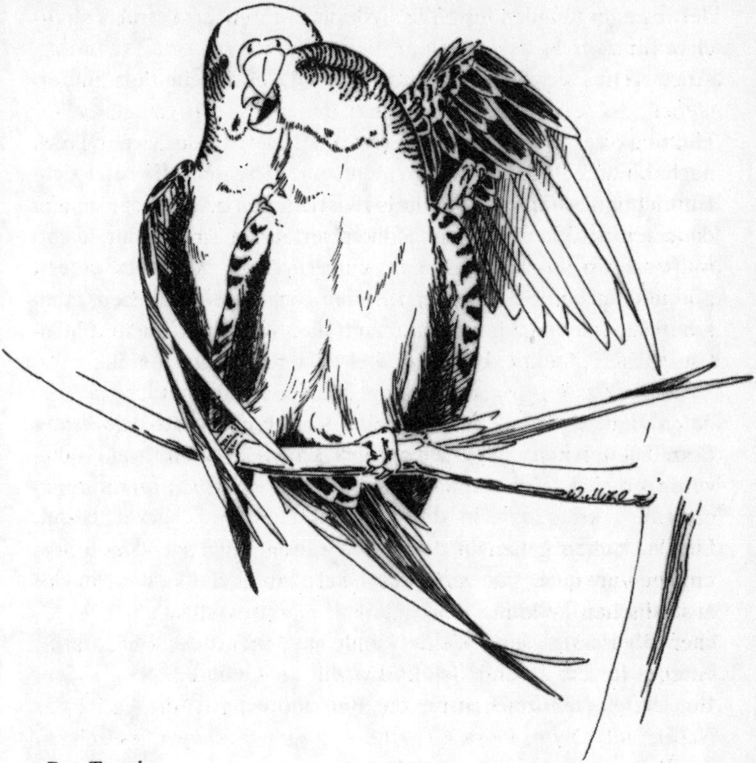

Der Tretakt

schaut sich das ganze Spiel interessiert an und reagiert erst dann, wenn das Männchen versucht, es mit dem Fuß festzuhalten und zu kraulen. Das gelingt ihm jedoch meistens nicht: Sobald es seinen Fuß auf den Schwanz des Weibchens setzt, fliegt dieses weg.

Das Männchen fliegt ihm nach, setzt sein Spiel fort und steigert sich noch weiter hinein, indem es wild die Käfigeinrichtung angreift, so als gälte es, Rivalen aus dem Feld zu schlagen. Auch dem Weibchen gegenüber wird es zudringlicher, stupst es fester an und tritt auch mit dem Fuß nach ihm.

Der Balzvorgang endet nicht jedesmal mit dem Befruchtungsvorgang, dem Tretakt. Kommt beim Weibchen keine Stimmung auf, duckt es sich lediglich und bettelt das Männchen um Futter an.
Nur wenn das Weibchen auch bereit ist, bietet es sich zum Tretakt an. Verengte Pupillen verraten seine Erregung. Es setzt sich dann auf eine Stange, lüftet die Flügel ein wenig und biegt seinen Rücken durch. Den Schwanz hält es zur Seite und stellt ihn leicht an. Jetzt darf das Männchen auf den Rücken steigen. Dabei legt es eine oder beide Schwingen um den Bauch des Weibchens, um sich festzuhalten. Manchmal biegt das Weibchen auch seinen Kopf zurück, und die beiden Vögel haken ihre Schnäbel ineinander fest.
Das Männchen versucht nun, seine Kloake gegen die des Weibchens zu drücken, dabei bewegt es seinen Hinterleib auf dem Rücken des Weibchens hin und her. Gerade noch unerfahrene Männchen bringen nicht den erforderlichen Gleichgewichtssinn mit und rutschen ab, aber nur, um sofort wieder auf das Weibchen zu steigen, das bereitwillig wartet. Der Tretakt dauert höchstens einige Minuten.
Nach der Paarung gleitet das Männchen vom Rücken des Weibchens herunter. Beide Vögel schütteln ihr Gefieder aus als Zeichen dafür, daß die Anstrengung nun vorüber ist.

Die Brut

Wenn Sie einen Nistkasten im Bauer angebracht haben, zieht sich das Weibchen nach dem Tretakt dorthin zurück. Es gewöhnt sich durch häufigere Aufenthalte an den Kasten, den es nach dem Ablegen der Eier kaum noch verläßt. Die Balz geht währenddessen weiter. Das Männchen balzt beständig um das Weibchen, das sich ihm bis zum ersten Ei häufig anbietet.
Bis das erste Ei gelegt ist, dauert es im günstigsten Fall 8 Tage. Es kann aber auch 4 Wochen dauern – oder es geschieht gar nichts, weil einer der beiden Partner unfruchtbar ist.

Das Gelege

Mit dem Beginn des Geleges legt das Weibchen jeden 2. Tag ein Ei. Bei noch jungen Weibchen zählt ein Gelege normalerweise zwischen 3 und 6 Eiern, manche bringen es bis zu 10.

Während der Zeit der Eiablage können Sie dem Weibchen die Strapazen, die es durchmacht, ansehen. Es macht einen sehr müden Eindruck oder sitzt ganz schlank mit gespreizten Beinen auf der Sitzstange. Wenn die Schmerzen besonders groß sind, zittert es am ganzen Körper und beißt in die Luft. Zieht sich das sehr lange hin, sollten Sie am Hinterleib nachsehen, ob Legenot vorliegt, und die entsprechenden Gegenmaßnahmen ergreifen.

Findet das Weibchen keinen Brutkasten im Bauer vor, legt es die Eier einfach auf den Boden des Käfigs in den Sand, kümmert sich nicht mehr darum oder zerhackt sie. Vielleicht finden Sie aber auch eines Tages in Ihrer Wohnung in einer passenden Ecke ein Ei oder mehrere Eier, die aber wahrscheinlich nicht bebrütet werden. Sind Sie ziemlich sicher, daß das Weibchen erst ein Ei abgelegt hat, haben Sie noch Gelegenheit, schnell einen Nistkasten aufzustellen. Dort wird das Weibchen dann die weiteren Eier

ablegen und auch brüten, sofern es ihn annimmt. Ohne einen passenden Unterschlupf brüten Wellensittiche nur ganz selten.
Jetzt wird es auch langsam Zeit, daß Sie Ihr Pärchen an Aufzuchtfutter gewöhnen. Während der Brut und nach dem Schlüpfen gehört nur besonders wertvolle Nahrung auf den Speiseplan. Die Temperatur im Brutzimmer sollte in dieser Zeit ziemlich konstant bleiben, die Vögel brauchen frische und nicht zu trockene Luft.
Das Weibchen bleibt nun fast die ganze Zeit im Kasten. Ganz selten läßt es zu, daß das Männchen ihm beim Brüten hilft. Wenn es ihm zu nahe kommt, wird es mit Bissen und heftigem Gezeter fortgejagt.
Nicht einmal zur Nahrungsaufnahme verläßt das Weibchen seinen Platz. Dafür ist das Männchen zuständig, das es aus seinem Kropf füttert. Allein zum Kotabsetzen verläßt das Weibchen sein Gelege, das allerdings auch nur einige wenige Male am Tag. Dabei scheidet es Mengen aus, die bis zu $1/10$ seines eigenen Gewichts ausmachen. Doch das brauchen Sie nicht als Zeichen einer sich anbahnenden Krankheit zu werten.
Das Weibchen ist jetzt nur mit äußerster Vorsicht zu genießen. Es reagiert leicht verstört, wenn sich etwas in seiner Nähe verändert, und wird schnell aggressiv, sobald Sie ihm zu nahe kommen. Der kontrollierende Blick in den Nistkasten sollte daher nur in seiner Abwesenheit vorgenommen werden.
Ab dem 10. Tag der 17- bis 21tägigen Brutzeit läßt sich bereits erkennen, aus welchem Ei ein Junges schlüpfen wird. Gegen das Licht gehalten, zeigen sich unbefruchtete Eier klar und durchsichtig, während die befruchteten einen rötlichblauen Schimmer aufweisen. Wenn ein Ei ganz dunkel und die Luftblase zu erkennen ist, kommt der Nachwuchs an einem der nächsten Tage.

Die Aufzucht

Die Jungen schlüpfen in der Reihenfolge, wie die Eier gelegt werden: an jedem 2. Tag. In den ersten Tagen sind sie völlig nackt

Das Weibchen hudert die Jungen

und können die Augen noch nicht öffnen. Kurz nach dem Schlüpfen wiegen sie 1 g. Aber sie wachsen schnell und legen jeden Tag das Doppelte ihres Körpergewichts zu. Nach einer Woche bedeckt der erste Flaum die rosarote Haut, und kurz darauf öffnen sie ihre Augen. Das Weibchen hudert (es nimmt sie unter die Flügel) die Kleinen, die in einem Knäuel zusammenliegen. Dadurch haben sie es schön warm, auch wenn ihre Mutter sie zwischendurch für eine kurze Zeit verläßt.

Diese Augenblicke sollten Sie nutzen, um zu überprüfen, ob sich tote Junge in dem Knäuel befinden. Diese müssen sofort entfernt werden. Wenn Sie ein lebendes Junges herausgenommen haben, geben Sie es nicht zurück, solange die Mutter ihre Jungen hudert. Sie würde es als Angriff verstehen und mit dem Schnabel die Jungen unter sich verteidigen – auch wenn sie dabei eines verletzt. Lassen Sie die Jungen mindestens bis zum 18. Tag nach dem Schlüpfen im Nistkasten, es dauert nicht mehr lange, bis sie von alleine herauskommen.
Mit den ersten Lauten, die die Kleinen von sich geben, betteln sie das Weibchen um Futter an. In den ersten Tagen füttert das Weibchen sie aus seinem Kropf mit schon fast verdauter Nahrung, die das Männchen ihm in den Kasten gereicht hat. Wenn es nicht schnell genug Nachschub liefert, zetert das Weibchen und verläßt seinen Platz, um selbst dafür zu sorgen. Nach einigen Tagen bekommen die Jungen schon etwas festere Nahrung, aber die Fütterung bleibt noch immer Aufgabe des Weibchens.
In der 2. Woche beginnt sich das Federkleid der Jungen auszubilden. Zuerst wächst das Untergefieder, als nächstes kommen die

Wenige Tage alte Nestjunge

Schwanz- und Schwingenfedern. In der 3. Woche, wenn das Weibchen seine Fütteraufgabe zunehmend an das Männchen abtritt, wird das Bild im Nistkasten farbiger. Denn jetzt, als letzte, sprießen die meist grünen oder blauen Deckfedern. Die Nestjungen verlassen das Nest aber noch nicht.

Feste und schnell trocknende Kotbällchen zeigen, daß die Kleinen gesund sind. Auch wenn der Nistkasten Ihnen von innen verschmutzt erscheint, brauchen Sie ihn nicht zu reinigen. Es reicht, wenn Sie etwas Sägemehl hineingeben, das die Feuchtigkeit aufnimmt. Eine Reinigung des Kastens ist erst fällig, wenn der Nachwuchs selbständig ist und den Kasten verläßt.

Achten Sie so lange aber darauf, ob das Weibchen seinen Kleinen Federn ausrupft. Das wiegt nicht besonders schwer, denn jetzt gerupfte Federn wachsen schnell wieder nach. Doch es empfiehlt sich dann, Weibchen und Junge in einem getrennten Käfig zu halten und nur zur Fütterung zusammenzulassen, wenn die Jungen noch nicht allein das Futter aufnehmen.

Wenn Sie das Rupfen in einem frühen Stadium feststellen, können Sie noch einen Versuch vor der Trennung unternehmen und mehr Mineralien ins Futter mischen. Vielleicht läßt diese Maßnahme das Weibchen friedlicher werden.

Es dauert ungefähr einen Monat, bis die Jungen von sich aus das Nest verlassen. Sie sind jetzt richtige kleine Wellensittiche, ihre Feder- und Farbenpracht ist schon voll ausgeprägt, nur ein wenig unbeholfen sehen sie noch aus. Wenn die Eltern sie gut versorgt haben, ist ihr Kropf sichtbar gefüllt. Dazu haben sie einen richtigen kleinen Bauch. Beides macht ihnen die ersten Flugversuche nicht gerade einfach.

Zuerst üben sie nur mit ihren Flügeln. Sie sitzen dann auf einem Ast oder Zweig und schlagen mit den Flügeln, ohne jedoch loszufliegen. Mit dem Start klappt es von Anfang an recht gut, doch beim Landen tun sie sich noch ein wenig schwer. Manchmal verfehlen sie auch ihr Ziel. Sie fliegen dann über ihren anvisierten Landeplatz hinaus und kommen erst zum Halt, wenn sie gegen die Gitterstäbe prallen. Dabei können sich sich nicht verletzen, denn sie fliegen ja noch sehr langsam. Sie können den Kleinen

die ersten Flugstunden auch erleichtern, indem Sie mit zusätzlichen Ästen mehr Landeplätze zur Verfügung stellen. Dabei darf der Bauer aber auch nicht so überladen werden, daß die Jungen ihre Schwingen nicht mehr richtig ausbreiten können.
Für die ersten Flugstunden im Zimmer ist es jedoch noch ein wenig zu früh, solange die Kleinen nicht ziemlich sicher beim Fliegen sind. Wenn sie im Zimmer ihr Ziel verfehlen und auf den harten Boden prallen, können sie sich leichter verletzen als im Bauer.
Ist es dann soweit, daß Sie die Kleinen in der Wohnung fliegen lassen, machen Sie ihnen den Anfang durch ein paar Kabel leichter, die sie in verschiedenen Höhen im Zimmer spannen. Darauf können sie zur Zwischenlandung ansetzen, wenn sie sich während des Fluges unsicher fühlen.
Einige im Zimmer aufgestellte Futternäpfchen helfen den Neulingen, sich in der neuen Umgebung wohl zu fühlen. Wenn sie noch nicht selbständig die Körner aufpicken können und sich noch immer aus dem Kropf der Eltern füttern lassen, so braucht das kein Grund zur Besorgnis zu sein, sie lernen es eben später. Aber Sie können die Kleinen mit der leckeren Kolbenhirse daran gewöhnen, auch selber die Körner aufzupicken. Wenn Sie ihnen die Hirse reichen, gewöhnen sich die Kleinen auch schneller an Menschen und werden eher handzahm.
Der Brutkasten hat jetzt seinen Zweck erfüllt. Weil ja die bloße Anwesenheit einer Nistgelegenheit die Vögel in Brutstimmung versetzen kann, entfernen Sie ihn am besten, sobald die Jungen ihn verlassen haben. Auch nach der Brut können Wellensittiche ohne große Pause ein zweites Gelege beginnen, danach möglicherweise auch ein drittes. Doch das erschöpft das Weibchen zu sehr – und Sie wüßten nicht mehr, wohin mit all dem Nachwuchs.

Was es alles gibt – von Formen und Farben

Seit den ersten Zuchterfolgen der Gräfin Schwerin hat die Wellensittichzucht in der Bundesrepublik Deutschland immer mehr Freunde und Anhänger gefunden. Heute haben sich in den beiden großen Züchterorganisationen DWV und DKB etwa 100 000 Züchter zusammengefunden. Die Gruppen sind auch auf örtlicher Ebene aktiv, bilden sich durch Vorträge weiter, vergleichen ihre Zuchtexemplare bei großen Vogelschauen und prämieren die schönsten Wellensittiche mit Medaillen. Gäste sind dort immer willkommen, auch werden Ihnen die Mitglieder gerne mit ihrem fachkundigen Rat zur Seite stehen.

Die auf den Schauen und Wettbewerben gezeigten Wellensittiche unterscheiden sich in ihrem Aussehen deutlich von einem »normalen« Stubenvogel. Ihr stattlicher Körper ist bis zu 5 cm größer, und sie bringen auch mehr Gewicht auf die Waage, ohne jedoch fett zu sein. Schulter und Hals sind kräftiger, die Flügel müssen eng am Körper anliegen, ohne sich auf dem Rücken zu kreuzen. Der Schnabel dieser »Standard« genannten Zuchtvögel muß hingegen klein und im Gesicht eingezogen sein, der Oberschnabel über sein unteres Gegenstück reichen.

Auch an Farben und Zeichnung werden hohe Anforderungen gestellt: Die Gesichtsmasken sind reinfarbig und gegen das Brustgefieder in einem gleichmäßigen Bogen deutlich abgegrenzt. Aus

England, wo die Züchtung schon eine längere Tradition hat, kam dieses Schönheitsideal zu Beginn der 50er Jahre auf den Kontinent und hat sich seitdem zum Maßstab entwickelt. Die hochgezüchteten Vögel sind allerdings zunehmend empfindlich geworden, was ihre Eignung als Stubenvogel erheblich einschränkt.
Während in den Wellensittichschwärmen in Australien unter Tausenden nur wenige andersfarbige Vögel vorkommen, läßt der heimische Bestand an Stuben- und Zuchtvögeln leicht den Eindruck aufkommen, Blau oder Gelb seien natürliche Farben der Vögel. Dabei entstehen alle Farben durch das Zusammenwirken des dunkelblauen Farbstoffes Melanin und eines Gelbfilters.
Die grüne Farbe ist somit nur eine optische Täuschung: Bevor unser Auge das Blau wahrnehmen kann, muß es erst durch den Gelbfilter – die Mischung kennen wir alle noch aus dem Farbkasten. Die Zeichnung entsteht durch eine unterschiedliche Verteilung und Menge des Farbstoffes Melanin und des gelben Pigments. Dort, wo das Gefieder fast schwarz zu sein scheint, wie an den Kehltupfen oder der Rücken- und Flügelzeichnung, ist kein gelbes Pigment vorhanden, das dunkelblaue Melanin füllt den ganzen Federkern. Der dunkle Farbstoff wiederum ist dort ausgefallen, wo das Gefieder gelbe Flecken aufweist wie etwa am Kopf.
Bei der blauen Reihe der Wellensittiche ist kein gelbes Pigment vorhanden. Dementsprechend scheint das Gefieder dort, wo kein Melanin ist, auch weiß.
Ganz weiße Vögel besitzen gar keinen Farbstoff. Die Augen dieser *Albinos* sind häufig rot. Bei den *Lutinos* strahlt das ganze Gefieder in einem kräftigen Gelb – hier fehlt das Melanin.
Diese beiden Grundreihen – die blaue und die grüne – bilden die Grundlage für alle weiteren farblichen Mutationen, denn die Verteilung des Dunkelfaktors und des Pigments vererben sich. Damit umzugehen, erfordert jedoch einige Kenntnis der Vererbungsgesetze: Die Mutationen werden rezessiv vererbt, das heißt, daß sich die veränderte Erbanlage möglicherweise in der ersten Generation noch gar nicht im äußeren Erscheinungsbild niederschlägt.

Einige hundert verschiedener Farb- und Zeichnungskombinationen gibt es inzwischen, wobei alle Farben mit Ausnahme von Rot und Schwarz inzwischen vertreten sind: Grün in verschiedenen Tönungen von dunkel bis oliv, verschiedene Blautöne, von ultramarin bis violett schimmernd, und von hell- bis zu schiefergrau oder sogar violett.

Vom Schecken zum Rainbow

Dazu kommen die zahlreichen Zeichnungen: Verschiedene *Schecken* mit Tupfen auf ansonsten hellem, einfarbigem Rücken und Flügeln; *Opaline,* die blau-grün schimmern wie der Stein, Grauflügel, bei denen die Grundfarbe nur noch in Pastelltönung erhalten ist, während das Grau auf den Schwingen und in der Zeichnung an die Stelle von Schwarz tritt. Als »Geisterzeichnung« wird ein grüner Hauch auf gelben und ein blauer Schimmer auf weißen Vögeln bezeichnet. Bei den *Zimtern* zeigt sich im Blau eine leicht bräunliche Tönung, Kehltupfen und der Schaft der Schwanzfedern sind braun.

Bei den *Halbseitern* ist die Farbe nach Körperhälften aufgeteilt: während die eine grün ist, leuchtet die andere blau. Auch der Name *Rainbow* verrät schon, wie man sich den Vogel vorzustellen hat: In seinem Federkleid finden sich fast alle Farben des Regenbogenspektrums wieder.

Aber nicht nur mit den Farben experimentieren die Züchter, sondern auch mit dem Gefieder der Wellensittiche. Mutationen auf diesem Gebiet beschränken sich allerdings auf die Form des Kopfgefieders.

Durch Wirbel an den Wurzeln der Kopffedern bekommen die Vögel spitze oder runde »Häubchen« und heißen auch dementsprechend *Spitz-* oder *Rundhäubchen.* Verschiedentlich haben es Züchter auch schon geschafft, Wellensittiche mit am ganzen Körper verwirbelten Federn zu züchten. *Federputzer* heißt diese zumeist einfarbige Mutation, die sicherlich interessant anzusehen, aber dafür sehr empfindlich ist.

Der Federputzer: Die bisher ungewöhnlichste, aber auch empfindlichste Züchtung

Doch was haben Sie von einem Wellensittich zum Anschauen? Das Sprechen, die lustige Turnerei und das Spiel mit einem Stubenvogel machen viel mehr Spaß, auch wenn er in Zeichnung und Farbe auf keiner Schau auftreten kann.

Adressen:

Deutscher Kanarienzüchter-Bund e. V.
Präs.: Kurt Siepmann
Ulmenstraße 9
4240 Dinslaken 3
Telefon (0 21 34) 9 62 34

Deutscher Wellensittichzüchter-Verein e. V.
Ringwart: Heinz Sieger
4100 Duisburg-Meiderich
Telefon (02 03) 43 28 18

Sachregister

Gesundheit

Maximilian Alexander
Die (un)heimlichen Krankmacher
Vorbeugen, erkennen, heilen

ECON Ratgeber

ETB 20039 **DM 9,80**
Originalausgabe,
144 Seiten

Wolf Ulrich
Allergien sind heilbar
Hilfe bei Heuschnupfen und anderen allergischen Krankheiten

ECON Ratgeber

ETB 20023 **DM 8,80**
159 Seiten,
14 Zeichnungen

Maximilian Alexander
Rheuma ist heilbar
Neueste Naturheilmethoden

ECON Ratgeber

ETB 20017 **DM 7,80**
142 Seiten

Bernard A. Bäker
Gelenkerkrankungen
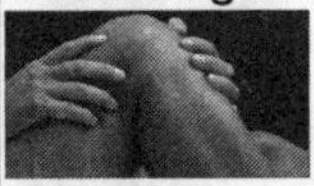
Arthritis, Arthrose, Gelenkrheuma
ECON Ratgeber

ETB 20080 **DM 8,80**
141 Seiten,
57 Zeichnungen,
12 Fotos

Gerhard Leibold
Das Kreuz mit dem Kreuz

Bandscheibenschäden vorbeugen und heilen
ECON Ratgeber

ETB 20133 **DM 7,80**
Originalausgabe,
ca. 144 Seiten,
15 Zeichnungen

Bernard A. Bäker
Migräne und Kopfschmerzen sind heilbar

ECON Ratgeber

ETB 20063 **DM 7,80**
115 Seiten,
6 Zeichnungen

Werner Zenker
Mit Asthma leben lernen

ECON Ratgeber

ETB 20049 **DM 7,80**
Originalausgabe,
173 Seiten

Werner Zenker
Mein Kind hat Asthma

ECON Ratgeber

ETB 20037 **DM 9,80**
Originalausgabe,
202 Seiten

Martin Schwartz
Stottern ist heilbar

Erfolgreiche Behandlungsmethoden
ECON Ratgeber

ETB 20057 **DM 7,80**
176 Seiten

Gerhard Leibold
Die Schilddrüse

Krankheiten vorbeugen und behandeln
ECON Ratgeber

ETB 20106 **DM 7,80**
Originalausgabe,
ca. 128 Seiten,
4 Zeichnungen

Bernard A. Bäker
Brustkrebs

Vorbeugen, erkennen, handeln
ECON Ratgeber

ETB 20107 **DM 8,80**
Originalausgabe,
ca. 176 Seiten,
Zeichnungen

Gerhard Leibold
Risikofaktor Cholesterin

Erkennen und vorbeugen
ECON Ratgeber

ETB 20083 **DM 7,80**
Originalausgabe,
138 Seiten, 5 Zeichnungen

Michael Eisenberg
Magenkrank?

Behandlung und Heilung
ECON Ratgeber

ETB 20068 **DM 8,80**
159 Seiten,
14 Zeichnungen

Angela Kilmartin
Blasenentzündung

Vorbeugen und selbst behandeln
ECON Ratgeber

ETB 20072 **DM 8,80**
164 Seiten,
18 Zeichnungen

Wolf Ulrich
Zellulitis ist heilbar
Orangenhaut – vorbeugen und selbst behandeln
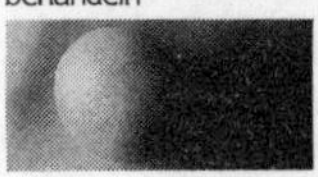
ECON Ratgeber

ETB 20012 **DM 6,80**
128 Seiten,
51 Fotos

P. van Keep/L. Jaszmann

Die Wechseljahre der Frau

ECON Ratgeber

ETB 20013 **DM 6,80**
139 Seiten,
6 Zeichnungen

Karl Heinz Reger
Sibylle Reger-Nowy

Herpes

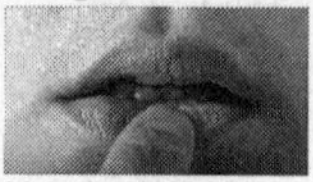

Erkennen und behandeln

ECON Ratgeber

ETB 20096 **DM 8,80**
Aktualisierte und erweiterte Neuausgabe,
160 S., 16 Zeichnungen, 8 Fotos

Karl Heinz Reger
Petra Haimhausen

AIDS

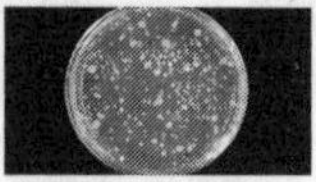

Die neue Seuche des 20. Jahrhunderts

ECON Ratgeber

ETB 20084 **DM 8,80**
Aktualisierte und erweiterte Neuausgabe,
134 Seiten

Rainer Haun

Der mündige Patient

Vom kritischen Umgang mit Ärzten

ECON Ratgeber

ETB 20078 **DM 9,80**
222 Seiten

Donald Vickery
James F. Fries

Zum Arzt - oder nicht?

Krankheiten erkennen und das Richtige tun

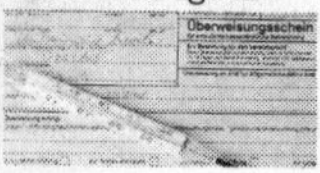

ECON Ratgeber

ETB 20007 **DM 12,80**
304 Seiten,
67 Graphiken

Diagram

Soforthilfe für mein Kind

Bei Unfällen und Krankheiten

ECON Ratgeber

ETB 20115 **DM 7,80**
Deutsche Erstausgabe,
128 Seiten,
200 Zeichnungen

Maximilian Alexander
Eugen Zoubek

Schmerzfrei durch Biomedizin

Neue Naturheilmethoden

ECON Ratgeber

ETB 20000 **DM 6,80**
143 Seiten

Gerhard Jäger

Die beste Medizin

Möglichkeiten der Naturheilmittel

ECON Ratgeber

ETB 20027 **DM 7,80**
142 Seiten,
9 Zeichnungen

Ulrich Rückert

Gesund ohne Pillen

Naturheilmittel für jedermann

ECON Ratgeber

ETB 20071 **DM 9,80**
Originalausgabe,
207 Seiten,
23 Zeichnungen

Anton Stangl

Heilen aus geistiger Kraft

Zur Aktivierung innerer Energien

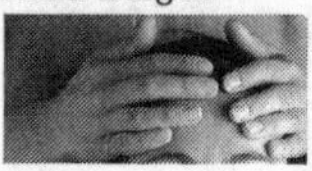

ECON Ratgeber

ETB 20029 **DM 6,80**
143 Seiten

Marie-Luise und Anton Stangl

Hoffnung auf Heilung

Seelisches Gleichgewicht bei schwerer Krankheit

ECON Ratgeber

ETB 20035 **DM 9,80**
Originalausgabe,
234 Seiten

Natalie Rogers

Schluß mit der Erschöpfung

ECON Ratgeber

ETB 20058 **DM 7,80**
Deutsche Erstausgabe,
141 Seiten

Gerhard Leibold

Gesund und fit durch Ballaststoffe

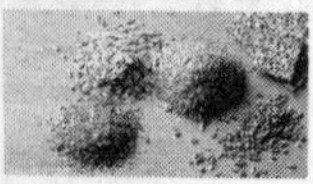

ECON Ratgeber

ETB 20082 **DM 7,80**
Originalausgabe,
140 Seiten,
5 Zeichnungen

Hans A. Bloss

Bewegung tut not

Ein Programm für Sportmuffel

ECON Ratgeber

ETB 20145 **DM 9,80**
Originalausgabe,
ca. 160 Seiten,
20 Zeichnungen

Ute Busch
Karl-Gustav Gies
Nils Waegner

Heilschwimmen

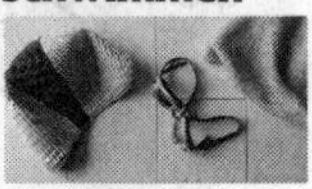

Gesundheitstraining für jung und alt

ECON Ratgeber

ETB 20097 **DM 9,80**
Originalausgabe,
ca. 208 Seiten

Gerhard Jäger

Wasser wirkt Wunder

Natürliche Heilmethoden

ECON Ratgeber

ETB 20006 **DM 6,80**
159 Seiten,
26 Fotos

A. Werner
Wege weg vom Alkohol

ECON Ratgeber

ETB 20075 **DM 9,80**
Originalausgabe,
215 Seiten

Hans Ewald
Akupressur für Jeden

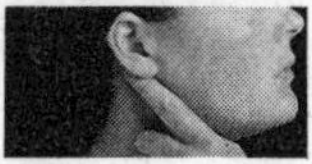

ECON Ratgeber

ETB 20020 **DM 6,80**
111 Seiten,
41 Zeichnungen,
55 Fotos

Hans Ewald
Akupunktur für Jeden
Eine Anleitung in Bildern

ECON Ratgeber

ETB 20005 **DM 6,80**
112 Seiten,
35 Zeichnungen,
43 Fotos

Alfred Bierach
Reflexzonentherapie
Krankheiten erkennen und selbst behandeln

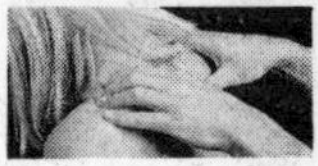

ECON Ratgeber

ETB 20002 **DM 6,80**
123 Seiten,
89 Zeichnungen,
46 Fotos

Chris Stadtlaender
Selbstmassage

Gesund und schön durch eigene Kraft

ECON Ratgeber

ETB 20067 **DM 8,80**
Originalausgabe,
160 Seiten,
29 Zeichnungen

Yukiko Irwin
Shiatzu

Mit 10 Fingern gegen 1000 Krankheiten

ECON Ratgeber

ETB 20140 **DM 9,80**
160 Seiten,
177 Zeichnungen

Hartmut Weiss
Yoga Meditation
Schulung zur Selbstverwirklichung

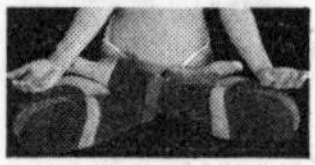

ECON Ratgeber

ETB 20030 **DM 5,80**
126 Seiten,
36 Zeichnungen

Stella Weller
Natürliche Geburt durch Yoga

ECON Ratgeber

ETB 20014 **DM 7,80**
160 Seiten,
64 Fotos

Gisela Eberlein
Gesund durch Autogenes Training

ECON Ratgeber

ETB 20141 **DM 7,80**
132 Seiten,
6 Zeichnungen

Gisela Eberlein
Autogenes Training mit Kindern

ECON Ratgeber

ETB 20004 **DM 6,80**
112 Seiten

Gisela Eberlein
Autogenes Training mit Jugendlichen

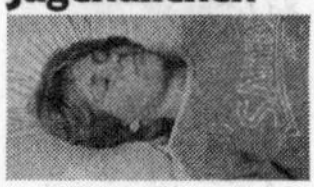

Ziel, Sinn, Praxis

ECON Ratgeber

ETB 20061 **DM 7,80**
126 Seiten

Gisela Eberlein
Autogenes Training für Fortgeschrittene

ECON Ratgeber

ETB 20098 **DM 7,80**
120 Seiten

Cornelia Dunkel
H. Schulz
Boxgymnastik für Frauen

Das neue Fitneßprogramm für den ganzen Körper

ECON Ratgeber

ETB 20149 **DM 8,80**
Originalausgabe,
112 Seiten,
102 Fotos

Frieder Anders
Tai Chi Chuan

Meditation in Bewegung zur Steigerung des Körpergefühls und zur Festigung der Gesundheit

ECON Ratgeber

ETB 20065 **DM 9,80**
155 Seiten,
217 Fotos,
5 Zeichnungen

Chris Stadtlaender
Natürlich schön durch Bio-Kosmetik

ECON Ratgeber

ETB 20025 **DM 9,80**
174 Seiten, 16 Zeichnungen,
5 Farbfotos,
253 Rezepte

Essen und Trinken

Ilse Sibylle Dörner
Das grüne Kochbuch
Handbuch der naturbelassenen Küche

ECON Ratgeber
ETB 20026 **DM 12,80**
270 Seiten,
20 Zeichnungen,
382 Rezepte

Helma Danner
Biologisch kochen und backen
Das Rezeptbuch der natürlichen Ernährung

ECON Ratgeber
ETB 20003 **DM 14,80**
288 Seiten,
8 Farbtafeln,
425 Rezepte

Ilse Sibylle Dörner
Diät mit Bio-Kost
Schlank, gesund und fit

ECON Ratgeber
ETB 20019 **DM 9,80**
Originalausgabe,
189 Seiten, 16 Zeichnungen,
232 Rezepte

Helma Danner
Bio-Kost für mein Kind

ECON Ratgeber
ETB 20050 **DM 8,80**
160 Seiten,
20 Zeichnungen

Anneliese und Gerhard Eckert
Selbst räuchern

Fische, Fleisch und Wurst ... Rezepte
ECON Ratgeber
ETB 20087 **DM 9,80**
Originalausgabe,
144 Seiten,
Zeichnungen

Veronika Müller
Käse und Joghurt selbst herstellen

Mit 100 Rezepten zum Kochen
Originalausgabe
ECON Ratgeber
ETB 20136 **DM 8,80**
Originalausgabe,
ca. 128 Seiten,
20 Zeichnungen

Heidemarie Freund
Marmeladen, Konfitüren und Gelees

150 Rezepte
Originalausgabe
ECON Ratgeber
ETB 20144 **DM 9,80**
Originalausgabe,
ca. 128 Seiten,
Zeichnungen

Ilse Sibylle Dörner
Kochen und heilen mit Honig

ECON Ratgeber
ETB 20070 **DM 9,80**
221 Seiten,
15 Zeichnungen,
516 Rezepte

Peter Espe
Tips für den Weinkauf

Band 1: Das Grundwissen
ECON Ratgeber
ETB 20148 **DM 8,80**
168 Seiten,
20 Zeichnungen

Katharina Buss
Leib- und Magenelixiere
Selbstgemachte Liköre und Schnäpse

ECON Ratgeber
ETB 20018 **DM 8,80**
Originalausgabe,
144 Seiten, 30 Zeichnungen,
4 Farbtafeln, 167 Rezepte

Peter C. Hubschmid
Tee – für Kenner und Genießer

Ein Brevier mit 40 Teerezepten
ECON Ratgeber
ETB 20073 **DM 8,80**
Originalausgabe,
144 Seiten,
20 Zeichnungen

Gini Rock
Aus der Bohne wird Kaffee
80 Rezepte zur Zubereitung eines klassischen Getränks

ECON Ratgeber
ETB 20048 **DM 8,80**
Originalausgabe,
168 Seiten,
37 Abbildungen

Natur

Heidrun und Friedrich Jantzen
Das Gartenjahr im Gemüsegarten

ECON Ratgeber
ETB 20108 **DM 9,80**
Originalausgabe,
ca. 128 Seiten,
ca. 100 Zeichnungen und Fotos

Ina Jung
Biologisch düngen

Gesunder Boden, weniger Schadstoffbelastung, mehr Ertrag
ECON Ratgeber
ETB 20134 **DM 9,80**
Originalausgabe,
ca. 128 Seiten,
ca. 50 Zeichnungen

Ina Jung

Der ökologische Wassergarten

Ein Biotop im Garten

ECON Ratgeber

ETB 20142 **DM 9,80**
Originalausgabe,
ca. 144 Seiten,
ca. 50 Zeichnungen

Ina Jung

Der Ökogarten für Kinder

Natur verstehen auf kleinstem Raum

ECON Ratgeber

ETB 20099 **DM 9,80**
Originalausgabe,
128 Seiten,
50 Zeichnungen

Gustav Schoser

Pflanzen überwintern

Immergrüne und laubabwerfende Gehölze, krautige Pflanzen

Originalausgabe

ECON Ratgeber

ETB 20085 **DM 9,80**
Originalausgabe,
ca. 144 Seiten,
ca. 50 Zeichnungen

Gustav Schoser

Zimmerpflanzen unter Kunstlicht

ECON Ratgeber

ETB 20116 **DM 9,80**
Originalausgabe,
ca. 144 Seiten, 4 Farbtafeln,
30 Fotos und Zeichnungen

Katharina Buss

Der Nutzgarten im Blumentopf

Kräuter und Gemüse statt Zierpflanzen

ECON Ratgeber

ETB 20059 **DM 9,80**
205 Seiten,
66 Zeichnungen

Brigitte Ellert-Overbeck

Meine Katze

Verhalten, Ernährung, Pflege

Begleitbuch zur ZDF-Serie »Mit Tieren leben«

ECON Ratgeber

ETB 20151 **DM 8,80**
Originalausgabe,
140 Seiten,
24 Zeichnungen

Arnt-Günter Nimz

Mein Hund

Verhalten, Erziehung, Pflege

Begleitbuch zur ZDF-Serie »Mit Tieren leben«

ECON Ratgeber

ETB 20150 **DM 8,80**
Originalausgabe,
128 Seiten,
ca. 30 Zeichnungen

Udo B. Brumpreiksz

Mein Dackel

Pflege, Ernährung, Krankheiten

ECON Ratgeber

ETB 20086 **DM 8,80**
Originalausgabe,
ca. 144 Seiten,
ca. 30 Abbildungen

Rolf Spangenberg

Klassehunde ohne Rasse

Freundschaft, die nie enttäuscht

ECON Ratgeber

ETB 20109 **DM 9,80**
224 Seiten,
30 Fotos

Horst Schall

Mein Kaninchen

Herkunft, Verhalten, Pflege

Begleitbuch zur ZDF-Serie »Mit Tieren leben«

Originalausgabe

ECON Ratgeber

ETB 20135 **DM 8,80**
Originalausgabe,
ca. 160 Seiten,
30 Fotos und Zeichnungen

Hans J. Mayland

Aquarium für Anfänger

Beckenarten, Aquarientechnik, Bepflanzung, Fische

ECON Ratgeber

ETB 20100 **DM 9,80**
Originalausgabe,
144 Seiten,
30 Farbfotos, 60 Zeichnungen

Gaby Karmann
Detlef Ost

Naturheilkunde für Katzen

ECON Ratgeber

ETB 20077 **DM 7,80**
Originalausgabe,
96 Seiten,
21 Zeichnungen

I. Ghosh

Naturheilkunde für Hunde

ECON Ratgeber

ETB 20076 **DM 7,80**
Originalausgabe,
120 Seiten,
14 Zeichnungen

Walter Salomon

Naturheilkunde für Pferde

ECON Ratgeber

ETB 20117 **DM 9,80**
Originalausgabe,
ca. 208 Seiten,
40 Fotos und Zeichnungen

Marga Drossard
Ursula Letschert

Naturheilkunde für Kleintiere

ECON Ratgeber

ETB 20118 **DM 9,80**
Originalausgabe,
ca. 160 Seiten,
ca. 40 Zeichnungen

Hobby

Heidemarie Freund
Schöne Geschenke selbst gebastelt

Originalausgabe
ECON Ratgeber

ETB 20088 **DM 8,80**
Originalausgabe,
112 Seiten,
ca. 70 Zeichnungen

Heidemarie Freund
Basteln mit Kindern

Zauberhafte Ideen für 4- bis 10jährige
Originalausgabe
ECON Ratgeber

ETB 20101 **DM 8,80**
Originalausgabe,
112 Seiten,
ca. 70 Zeichnungen

Christel Keller
Seidenmalerei

ECON Ratgeber

ETB 20137 **DM 14,80**
Originalausgabe,
112 Seiten,
ca. 30 Fotos, 16 Farbtafeln

Eva Gabisch
Chinesische Malerei
Anleitung für ein schöpferisches Hobby

ECON Ratgeber

ETB 20011 **DM 5,80**
95 Seiten,
3 Farbtafeln,
70 Zeichnungen

Annette Arnold
Kerzen und Figuren aus Bienenwachs

Anleitung zum Selbermachen
ECON Ratgeber

ETB 20110 **DM 9,80**
Originalausgabe,
128 Seiten,
ca. 50 Fotos und Zeichnungen

Edda Biesterfeld
Kleine Kunst auf weißem Gold
Ein Kurs zum Erlernen der Porzellanmalerei

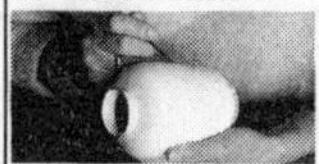

ECON Ratgeber

ETB 20009 **DM 8,80**
157 Seiten,
16 Farbfotos,
80 Zeichnungen

Dieter Heitmann
Holz – das natürlichste Spielzeug der Welt
Ideen zum Selbermachen

ECON Ratgeber

ETB 20034 **DM 12,80**
122 Seiten,
68 Fotos, 13 Farbfotos,
100 Zeichnungen

Klaus Oberbeil
Kaufen und verkaufen auf dem Flohmarkt

ECON Ratgeber

ETB 20079 **DM 8,80**
Originalausgabe,
160 Seiten

Heiner Vogelsang
Trödel sammeln und restaurieren
1000 Tips für den Umgang mit alten Stücken

ECON Ratgeber

ETB 20042 **DM 12,80**
Originalausgabe,
174 Seiten, 8 Farbtafeln,
36 Zeichnungen

Helmut-Maria Glogger
Kunst und Antiquitäten sachkundig kaufen

ECON Ratgeber

ETB 20089 **DM 14,80**
Originalausgabe,
ca. 180 Seiten,
ca. 40 Zeichnungen

Siegfried Sterner
Hausmusik
Vergnügen in Dur und Moll

ECON Ratgeber

ETB 20036 **DM 9,80**
187 Seiten,
31 Zeichnungen

Spiele und Unterhaltung

H. Otake
S. Futakuchi
Go

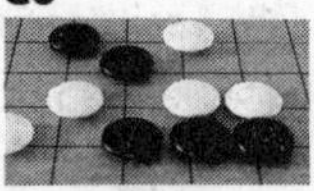

Das Einführungsbuch des Deutschen Go-Bundes
ECON Ratgeber

ETB 20103 **DM 9,80**
Deutsche Erstausgabe,
200 Seiten,
250 Diagramme

Alfred Schwarz
Backgammon

Das offizielle Regelbuch des Deutschen Backgammon-Bundes
ECON Ratgeber

ETB 20112 **DM 9,80**
Originalausgabe,
ca. 128 Seiten,
116 Zeichnungen

Ruth Dirx
Kinderspiele von Januar bis Dezember
Unterhaltung für Mädchen, Jungen und Eltern

ECON Ratgeber

ETB 20032 **DM 7,80**
175 Seiten,
55 Zeichnungen,
198 Spielideen

ETB 20102 **DM 7,80**
Originalausgabe, 128 Seiten, 86 Zeichnungen

ETB 20090 **DM 7,80**
Originalausgabe, 128 Seiten, ca. 100 Zeichnungen

ETB 20111 **DM 7,80**
Originalausgabe, ca. 128 Seiten, ca. 10 Zeichnungen

ETB 20138 **DM 7,80**
Originalausgabe, ca. 128 Seiten

Reden, Briefe, deutsche Sprache

ETB 20139 **DM 14,80**
530 Seiten

ETB 20092 **DM 6,80**
Originalausgabe, 111 Seiten

ETB 20093 **DM 9,80**
224 Seiten

ETB 20105 **DM 7,80**
Originalausgabe, ca. 128 Seiten

ETB 20113 **DM 7,80**
Originalausgabe, ca. 160 Seiten

Lebenshilfe

ETB 20081 **DM 12,80**
285 Seiten, 33 Zeichnungen

ETB 20094 **DM 12,80**
296 Seiten

ETB 20015 **DM 5,80**
123 Seiten

ETB 20022 **DM 5,80**
Originalausgabe, 107 Seiten, 49 Zeichnungen

ETB 20031 **DM 8,80**
204 Seiten

Bernhard Müller-Elmau
Kräfte aus der Stille
Die transzendentale Meditation

ECON Ratgeber
ETB 20021 **DM 7,80**
191 Seiten

Gerhard Leibold
Körpertherapie

Einklang von Körper, Geist und Psyche
ECON Ratgeber
ETB 20114 **DM 7,80**
Originalausgabe,
ca. 160 Seiten,
15 Zeichnungen

Marianne Schneider-Düker
Gruppenpsychotherapie
Methoden, Probleme, Erfolge

ECON Ratgeber
ETB 20055 **DM 7,80**
135 Seiten,
6 Abbildungen

Peter Lauster
Statussymbole

Wie jeder jeden beeindrucken will
ECON
ETB 20104 **DM 9,80**
204 Seiten,
25 Zeichnungen

Maximilian Alexander
Schein und Wirklichkeit der Sekten

ECON Ratgeber
ETB 20069 **DM 9,80**
Originalausgabe,
ca. 192 Seiten

Alfred Bierach
Schlank im Schlaf durch vertiefte Entspannung
Die SIS-Methode

ECON Ratgeber
ETB 20008 **DM 6,80**
144 Seiten,
1 Graphik

Waltraud Simon
Praxis der Eheinstitute

ECON Ratgeber
ETB 20062 **DM 8,80**
Originalausgabe,
139 Seiten

Mavis Klein
Ein Partner für mich
Wege zu Freundschaft und Liebe

ECON Ratgeber
ETB 20028 **DM 7,80**
156 Seiten,
21 Graphiken

Debora Phillips
Robert Judd
Das Ende einer Zweierbeziehung

Auf dem Weg zum neuen Ich
ECON Ratgeber
ETB 20066 **DM 8,80**
Deutsche Erstausgabe,
143 Seiten

Stephen M. Johnson
Nach der Trennung wieder glücklich

ECON Ratgeber
ETB 20041 **DM 9,80**
287 Seiten

Roland Kopping
Träume und ihre Deutung

ECON Ratgeber
ETB 20120 **DM 9,80**
Originalausgabe,
ca. 200 Seiten

Georg Götte
Ahnenforschung

So erstellt man seinen Stammbaum
ECON Ratgeber
ETB 20119 **DM 8,80**
Originalausgabe,
ca. 144 Seiten,
10 Zeichnungen

Manfred Lucas
Hören, um gehört zu werden

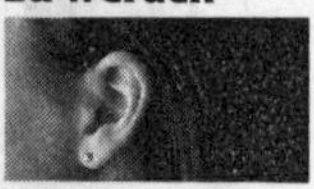

Die Kunst des richtigen Zuhörens
ECON Ratgeber
ETB 20146 **DM 8,80**
Originalausgabe,
ca. 128 Seiten

Bernd Kirchner
Die trügerische Sicherheit
Tips für den Umgang mit Versicherungen

ECON Ratgeber
ETB 20053 **DM 9,80**
205 Seiten

Kinder- und Schülerhilfen

W. Zeise/J. A. Stöhr
Kinder-Medizin, Pädagogik, Psychologie
Ein Lexikon

ECON Ratgeber
ETB 20043 **DM 16,80**
Aktualisierte Neuausgabe,
534 Seiten,
111 Zeichnungen

Emil und Octavia Wieczorek
So fördere ich mein Kind
100 psychopädagogisch erprobte Spiele

ECON Ratgeber

ETB 20054 **DM 8,80**
Originalausgabe,
182 Seiten

Hannes Lachenmair
Eltern-initiativen
Wir organisieren einen Kindergarten

ECON Ratgeber

ETB 20046 **DM 9,80**
Originalausgabe,
204 Seiten

Fitzhugh Dodson
Väter sind die besten Mütter

Kinder brauchen ihre Väter

ECON Ratgeber

ETB 20056 **DM 9,80**
280 Seiten

Günther Beyer
So lernen Schüler leichter
Gedächtnis- und Konzentrationstraining

ECON Ratgeber

ETB 20001 **DM 6,80**
128 Seiten,
92 Zeichnungen,
49 Übungen

Arnold Grömminger
Kinder wollen lesen
Über die sinnvolle Auswahl von Büchern

ECON Ratgeber

ETB 20033 **DM 7,80**
112 Seiten

Uwe-Jörg Jopt
Schlechte Schüler - faule Schüler?
Wie Eltern helfen können

ECON Ratgeber

ETB 20045 **DM 7,80**
143 Seiten

Rudolf Meinert
Mein Kind in der Pubertät

ECON Ratgeber

ETB 20047 **DM 7,80**
136 Seiten

Gisela Eberlein
Ängste gesunder Kinder
Praktische Hilfe bei Lernstörungen

ECON Ratgeber

ETB 20010 **DM 7,80**
158 Seiten

Joan Freeman
Erziehung und Intelligenz
Natürliche Anlagen erkennen und fördern

ECON Ratgeber

ETB 20044 **DM 9,80**
191 Seiten

Jerry Jacobs
Ich weiß keinen Ausweg mehr
Hilfe für selbstmordgefährdete Jugendliche

ECON Ratgeber

ETB 20040 **DM 9,80**
176 Seiten

Astrologie

Hanns-Manfred Heuer
Mein Kind ist Widder

Vom 21. März bis 20. April

ECON Ratgeber

ETB 20121 **DM 6,80**
112 Seiten,
10 Zeichnungen

Hanns-Manfred Heuer
Mein Kind ist Stier

Vom 21. April bis 20. Mai

ECON Ratgeber

ETB 20122 **DM 6,80**
112 Seiten,
10 Zeichnungen

Hanns-Manfred Heuer
Mein Kind ist Zwilling

Vom 21. Mai bis 21. Juni

ECON Ratgeber

ETB 20123 **DM 6,80**
112 Seiten,
10 Zeichnungen

Hanns-Manfred Heuer
Mein Kind ist Krebs

Vom 22. Juni bis 22. Juli

ECON Ratgeber

ETB 20124 **DM 6,80**
112 Seiten,
10 Zeichnungen

Hanns-Manfred Heuer
Mein Kind ist Löwe

Vom 23. Juli bis 23. August

ECON Ratgeber

ETB 20125 **DM 6,80**
112 Seiten,
10 Zeichnungen

Hanns-Manfred Heuer
Mein Kind ist Jungfrau

Vom 24. August bis 23. September

ECON Ratgeber

ETB 20126 **DM 6,80**
112 Seiten,
10 Zeichnungen

Hanns-Manfred Heuer
Mein Kind ist Waage

Vom 24. September bis 23. Oktober

ECON Ratgeber

ETB 20127 **DM 6,80**
112 Seiten,
10 Zeichnungen

Hanns-Manfred Heuer
Mein Kind ist Skorpion

Vom 24. Oktober bis 22. November

ECON Ratgeber

ETB 20128 **DM 6,80**
112 Seiten,
10 Zeichnungen

Hanns-Manfred Heuer
Mein Kind ist Schütze

Vom 23. November bis 21. Dezember

ECON Ratgeber

ETB 20129 **DM 6,80**
112 Seiten,
10 Zeichnungen

Hanns-Manfred Heuer
Mein Kind ist Steinbock

Vom 22. Dezember bis 20. Januar

ECON Ratgeber

ETB 20130 **DM 6,80**
112 Seiten,
10 Zeichnungen

Hanns-Manfred Heuer
Mein Kind ist Wassermann

Vom 21. Januar bis 19. Februar

ECON Ratgeber

ETB 20131 **DM 6,80**
112 Seiten,
10 Zeichnungen

Hanns-Manfred Heuer
Mein Kind ist Fisch

Vom 20. Februar bis 20. März

ECON Ratgeber

ETB 20132 **DM 6,80**
112 Seiten,
10 Zeichnungen

Umwelt, Ökologie

Sabine Bahnemann
Alltagsökologie

Global denken – lokal handeln

ECON Ratgeber

ETB 20064 **DM 9,80**
Originalausgabe,
222 Seiten,
über 100 Zeichnungen

Robert Müller
Giftige Stoffe im Haushalt

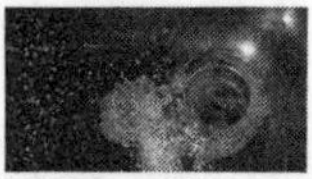

Verhaltensempfehlungen und Richtlinien

Originalausgabe

ECON Ratgeber

ETB 20095 **DM 8,80**
Originalausgabe,
160 Seiten,
ca. 10 Abbildungen

E. Dölle/W. Koch
Selbstversorgung – aber wie
Unabhängigkeit für Stadt- und Landbewohner

ECON Ratgeber

ETB 20051 **DM 9,80**
Originalausgabe,
191 Seiten,
68 Zeichnungen

Praxis

Edgar Forster
Sich selbständig machen – gewußt wie

ECON Praxis

ETB 21001 **DM 9,80**
Originalausgabe,
192 Seiten

Heiner Kurt Wülfrath
Sich erfolgreich bewerben und vorstellen

Ein praktischer Ratgeber für Stellensuchende

ECON Praxis

ETB 21004 **DM 5,80**
Originalausgabe,
90 Seiten

Manfred Lucas
Bewerbungsgespräche erfolgreich führen

ECON Praxis

ETB 21020 **DM 8,80**
Originalausgabe,
ca. 128 Seiten

ETB 21011 **DM 12,80**
Originalausgabe,
205 Seiten

ETB 21021 **DM 8,80**
Originalausgabe,
ca. 128 Seiten

ETB 21022 **DM 8,80**
Originalausgabe,
ca. 128 Seiten

Bestellschein ETB

Ich bestelle hiermit aus dem ECON Taschenbuch Verlag, Postfach 9229, 4000 Düsseldorf 1, durch die Buchhandlung:

Buchhandlung:

Ex. ______ Ex. ______

Ex. ______ Ex. ______

Ex. ______ Ex. ______

Ex. ______ Ex. ______

Ex. ______ Ex. ______

Name: ______

Straße: ______ Ort: ______

Datum: ______ Unterschrift: ______

Preisänderungen und Irrtum vorbehalten. Stand 1. 8. 1985